ANIMAL SPIRITS

How Human Psychology Drives the Economy,
and Why It Matters for Global Capitalism

动物精神

人类心理如何驱动经济、影响全球资本市场

[美] 乔治·阿克洛夫 George A. Akerlof 罗伯特·席勒 Robert J. Shiller ◎著

黄志强 徐卫宇 金岚◎译

陈丽丽◎校译

中信出版集团 · CHINACITICPRESS · 北京

图书在版编目（CIP）数据

动物精神：人类心理活动如何驱动经济、影响全球资本市场 /（美）阿克洛夫，（美）席勒著；黄志强，徐卫宇，金岚译. —3 版. —北京：中信出版社，2016.2（2025.12 重印）

书名原文：Animal Spirits

ISBN 978-7-5086-5768-4

Ⅰ. ①动… Ⅱ. ①阿… ②席… ③黄… ④徐… ⑤金… Ⅲ. ①经济学－通俗读物 Ⅳ. ①F0-49

中国版本图书馆 CIP 数据核字（2015）第 308896 号

Animal Spirits: How Human Psychology Drives the Economy, and Why It Matters for Global Capitalism by George A. Akerlof and Robert J. Shiller

动物精神

著　　者：[美] 乔治 · 阿克洛夫　罗伯特 · 席勒
译　　者：黄志强　徐卫宇　金　岚
校　　译：陈丽丽
策划推广：中信出版社（China CITIC Press）
出版发行：中信出版集团股份有限公司（**北京市朝阳区东三环北路 27 号嘉铭中心　邮编　100020**）
（CITIC Publishing Group）
承 印 者：北京通州皇家印刷厂

开　　本：880mm × 1230mm　1/32　　印　　张：10　　字　　数：200 千字
版　　次：2016 年 2 月第 3 版　　印　　次：2025 年 12月第19次印刷
京权图字：01–2009–3272
书　　号：ISBN 978-7-5086-5768-4/F · 3560
定　　价：59.00 元

阿克洛夫和席勒成功地说明了传统的宏观经济学分析之所以往往失灵，是因为它不仅对失业及信贷市场这样的制度体系等熟视无睹，而且还疏于分析那些难以记录的行为模式，但所有这些都囊括在作者的《动物精神》这本书中。在资本市场中，信心的有无至关重要。公众从兴奋到焦虑甚至恐惧的情绪波动，可能会对资产价格以及金融部门以外的经济活动造成极大的影响。

——本杰明·弗里德曼

著名经济学家、“货币学派”的领军者、哈佛大学教授

ANIMAL
SPIRITS

专家与媒体推荐

《动物精神》对我们的观念进行了非常必要的纠正，为宏观经济学做出了重要甚至是决定性的贡献。

罗伯特·索洛

诺贝尔经济学奖得主

阿克洛夫和席勒探讨了动物精神如何影响宏观经济的运行。他们涉及的问题范围很广，包括经济周期、通货膨胀、失业、金融市场与房地产市场的动荡、贫困以及货币政策的运作方式。本书观点尖锐，具有说服力。

乔治·佩里

美国布鲁金斯学会经济学家

一本具有生命力的关于金融危机的新书。

詹姆斯·普莱斯利

彭博新闻社

弗洛伊德做的是对人体意识的研究，乔治·阿克洛夫和罗伯特·席勒做的是关于经济的研究。弗洛伊德创下了一项事业和一个医学领域，提出人们被不理智的力量驱使这样的理念。加利福尼亚大学的经济学教授阿克洛夫和耶鲁大学的经济学家提出政府的诸多干预是让恐惧转变成热情从而促进消费和投资的唯一方法。他们选择研究投资中存在的心理冲动。通过完美的论证，说明了如果不是政府的存在，我们将深陷悲惨境地。《动物精神》是一部很好的关于过去几十年经济理论发展尤其是货币经济学的研究作品。

安德鲁 · 阿伦塔克

《环球邮报》

不同于解释人类行为的不理智性，阿克洛夫和席勒认为我们需要了解人类行为并将其融入政策制定中。《动物精神》的核心在于我们应该不再束缚自己的意识而是承认其重要性。

马修 · 伊格莱西亚斯

《国家时报》

在这本精彩的书里，阿克洛夫和席勒认为心理学对经济结果的影响远超出人们的意料。

蒂姆 · 科尔巴奇

《年龄段》

这本书有助于理解“人的本性使得经济学是非理性的”这一观点，阿克洛夫是诺贝尔奖获得者，席勒是耶鲁大学教授，这本书运用经济学去解释现实生活中的问题，比如房地产价格周期，同时解释了重要的政策问题，比如通货膨胀和就业之间的关系。

斯蒂芬 · 马切特

《澳大利亚人》

《动物精神》用一个生动的案例展现了“自信乘数”和“故事”在解释当今市场行为中的重要性，以及“公平”和“金钱的幻觉”在防止工资衰退至供求平衡水平中的重要性。作者还通过引人入胜的理论案例让宏观经济学家们将更多的非经济动机和非理性反应纳入考量。

理查德 · 布隆克

《商业经济学者》

理想主义者恐怕不会喜欢这本书。但是对其他读者来说，无论是从数字量化还是从质的方面来考虑，《动物精神》都填补了对于经济繁荣和萧条的原因的现有研究中的空白。

托马斯 · 威尔金斯

《投资专家》

阿克洛夫和席勒的书生动有趣，也很有启发意义，它带领读者体会到人们的心理因素是怎样暗中影响着经济的。任何想要深入了解经济学预测会发生的事件

与个体和集体实际行为结果之间差异的经济学者，都应该读读本书提出的问题及提供的例子。

迪米特里 · 莱博曼

《中途导报》

作为致力于平衡行为经济学与约翰 · 梅纳德 · 凯恩斯观点的一本书，《动物精神》是时下可读性极高的一本书。

尼克 · 舒尔茨

《威尔逊季刊》

乔治 · 阿克洛夫和罗伯特 · 席勒为我们指明了宏观经济学中一条引人入胜的道路。

罗马尔 · 柯雷亚

《经济政治周刊》

阿克洛夫和席勒理应获得至少两次赞誉，一是因为他们为我们贡献了对于“自信”这一话题深入的心理分析，二是因为他们为宏观经济学主流带来了如此重要的概念。

马丁 · 拉佩蒂

《远东经济评论》

这本书非常生动。它重新审视了经济学的基本原理，其分析十分具有说服力。它用新的视角阐述了一个传统经济理论无法解释的经济现象。《动物精神》会带来一场智慧的革命，它会改变我们对经济萧条、失业、经济危机、房地产震荡以及其他更多问题的认识。

丹尼斯 · 斯诺尔

基尔世界经济研究所主席

在金融市场里，人们一旦恐慌起来，总是无法做出最理想的决定，这实在是非常明显的一个现象。我从没读过哪一本书能像这本一样令人深思。

黛安娜 · 科伊尔

《高尚的经济学》作者

作者正确地指出了传统经济学并不能很好地理解当今经济的痛处，更不用说去阐述它了，因为传统经济学没有把这些动物精神纳入考量范围之内。

Wan LiXin

《上海日报》

本书绝不是一本悲叹经济学理论过失的书。两位作者犹如经济学领域的两盏指路明灯……经济学家往往对理性给出不切实际的假设，然而本书的两位作者却没有这么做，也正因为如此，阿克洛夫和席勒为经济学做出了贡献。

《经济学人》

阿克洛夫和席勒是首次尝试为我们这个时代重构经济学理论的人。他们所做的努力本身就已使此书成为一座里程碑……本书文字简洁，易于理解，不仅对经济学家，而且对一般读者也有裨益。

《纽约时报》

经济学界的两位超级明星写出了一部大胆而又极富创意的著作，他们试图用心理因素来诠释经济动荡的起因，并提出可能的解决之道。在经济崩溃之时，人们的信心拖累了市场和经济，因此作者侧重于经济学中的心理因素无疑是相当重要的。

《商业周刊》

《动物精神》，一本由诺贝尔奖获得者乔治 · 阿克洛夫和耶鲁经济学家罗伯特 · 席勒创作的非常有力的行为经济学作品。它应该排在白宫阅读名单的首位。

《金融时报》

阿克洛夫和席勒提醒我们，情感上的不可触及的因素，比如对机构的信心，对于金钱的幻想或者受不公正待遇的感受，能够影响人们关于贷款、消费、存款和投资的决定。《动物精神》是对约翰 · 梅纳德 · 凯恩斯理念的深情致敬，其理念在过去 30 年中并不流行，如今又盛行开来。

《自然》

读了本书，你就能明白现在的领导者都是怎样利用动物精神——这一深深影响当下世界经济的人类心理方面的因素的。

《货币科学》

ANIMAL
SPIRITS

目 录

ANIMAL SPIRITS

前　言

生活中偶尔也会有充满启示性的时刻。在亨利·詹姆斯的小说《金碗》中，那位美国豪门女继承人在不经意的一瞥间就证实了心中的怀疑：她的丈夫和她的继母关系暧昧。对全球经济而言，2008 年 9 月 19 日就是这样一个决定性的时刻。美国国会拒绝通过（尽管后来又推翻了这一决定）财政部部长亨利·保尔森提出的 7 000 亿美元紧急救援计划。道琼斯指数大跌 778 点，全球股市也应声而落。突然之间，看起来再也不可能发生的“大萧条”仿佛即将重演。

大萧条是 20 世纪的一场灾难，它导致了 20 世纪 30 年代的全球性失业。然而，大萧条似乎还嫌带来的痛苦不够深重，反而愈演愈烈，由此产生的权力真空导致了第二次世界大战，5 000 多万人在战争浩劫中丧生。①

① 据资料估计，死亡人数为 52 199 262 人。参见 http://www.historyplace.com/worldwar2/timeline/statistics.com。

眼下，大萧条极有可能重演，因为经济学家、政府以及公众近年来扬扬自得，已经忘记了20世纪30年代的教训。在那个艰难的年代，我们知道了经济实际上是怎样运行的。我们还知道了，在一个强健的资本主义经济体系中，政府应当扮演什么样的恰当角色。本书会还原那些历史教训，同时用现代的观点对它们进行解释。为了弄明白世界经济如何陷入当前的困境，我们有必要理解这些教训。更重要的是，只有理解了这些教训，我们才知道该怎样应对。

在大萧条中期，约翰·梅纳德·凯恩斯出版了《就业、利息和货币通论》(以下简称《通论》)。在这本1936年的经典著作中，凯恩斯阐述了美国和英国这样资信良好的政府怎样通过借贷和支出使失业劳动力重新就业。这个解决方案在大萧条期间并没有得到系统贯彻。直到大萧条结束，经济学家才开始向政治家提供清晰的指导。因此，各国领导人只能摸着石头过河。比如，美国总统赫伯特·胡佛和富兰克林·罗斯福实际上都采取了一些赤字支出政策。尽管他们感到非常困惑，但是在大部分时候，他们的直觉是正确的，其政策方向也大体正确。然而，由于没有指导方针，他们缺乏将这种政策贯彻始终的信心。

为了打赢战争，凯恩斯主义理论最终得以实施，失业现象消失了。到20世纪40年代，凯恩斯的方案得到了广泛认可，被世界各国采用，甚至被奉为圭臬，载入法律。在美国，1946

年的《就业法》将维持充分就业归为联邦政府的责任。

在抗击衰退的过程中，关于财政和货币政策作用的凯恩斯主义原理完全融入了学院派经济学家、政治家甚至一些普通大众的思想。据说，甚至连米尔顿·弗里德曼也被引述曾说过“我们现在都是凯恩斯主义者”，但弗里德曼后来宣称自己的原话被断章取义了。[①] 凯恩斯主义的宏观经济政策大体上是可行的。当然，经济总是有起有落，甚至会发生一些剧变，如20世纪90年代之后的日本、1998年后的印度尼西亚和2001年后的阿根廷。但是，鸟瞰全球经济，整个战后时期的经济发展一直是成功的，而且还将继续取得成功。一个又一个国家维持了所谓的充分就业。拥有庞大人口的中国和印度正在向市场经济转型，并开始体验经济繁荣与增长。

但是，在运用赤字财政有效摆脱衰退的背后，《通论》中另一条更为根本的信息被弃若敝屣，即凯恩斯对经济运行和政府角色的深入分析。1936年《通论》出版时，政治经济学谱系中有一派较为极端的人认为，凯恩斯主义之前的经济学是正确的。按照这种古典经济学的观点，自由市场在自发、无政府干预的情况下，“好像在一只‘看不见的手’的指引下”，确保充分就业。根据古典主义经济学的逻辑，以最简单的形式表示就

---

① 弗里德曼的话引自1965年12月31日以凯恩斯为封面人物的《时代》杂志。弗里德曼随后所做的澄清参见 http://www.libertyhaven.com/thinkers/miltonfriedman/miltonexkeynesian.html。

是：如果一名工人愿意以低于其生产贡献的工资工作，雇主只要给他提供一份工作就能从中赚取利润。持这些观点的人极力主张政府平衡预算，坚持认为政府干预越少越好。而 1936 年谱系的另一端是社会主义者，他们认为，要摆脱 20 世纪 30 年代的失业局面，政府就必须接管经济，然后才能通过雇佣来消除失业。

但是，凯恩斯选择了一条更折中的路线。在他看来，经济不只是像古典主义者认为的那样，受到像“看不见的手”这种理性行动者的控制，只要有共同的经济利益，他们就会参与到交易中。凯恩斯承认，大多数经济行为源自理性的经济动机，但也有许多经济行为受动物精神的支配。人们总是有非经济方面的动机，在追求经济利益时并不总是理性的。在凯恩斯看来，这些动物精神是经济发生波动的主要原因，也是非自愿失业的主要原因。

要想理解经济，就必须理解它是怎样受动物精神驱动的。正如亚当·斯密的“看不见的手”是古典经济学的基本原理一样，凯恩斯的动物精神是换个角度观察经济的关键，这一新角度解释了资本主义潜在的不稳定性。

凯恩斯对动物精神如何驱动经济的说法引入了“政府角色”这一话题。他认为，政府在经济中的角色非常像各种育儿指南中所定义的家长角色。一方面，指南书警告我们不要太独裁。孩子会表面上服从，但当他们到了青少年时期就会反叛。

另一方面，这些书告诉我们不要太娇惯孩子。如果过于娇惯，孩子就难以学会自我约束。指南书告诉我们，恰当的育儿方式要在这两个极端之间走一条中间道路。父母的恰当做法是设定限制，这样孩子就不会过度放纵他们的动物精神，但这些限制还要给孩子留有独立学习和发挥创造力的空间。父母的任务是营造一个幸福的家庭，给孩子自由，同时保护孩子免受动物精神的支配。

这个幸福的家庭正好对应于凯恩斯（也是我们）关于政府恰当作用的定位。正如古典经济学所证明的那样，资本主义社会拥有极大的创造力，政府应该尽可能少地干预这种创造力。另一方面，若是听之任之，资本主义经济就会出现过剩的问题，现在就已经出现了这种情况。它还会导致经济狂热，随之而来的便是恐慌和失业问题。大家会过度消费而几乎不储蓄。少数族群则在糟糕的境遇中饱受煎熬。房价、股价甚至石油价格暴涨，然后暴跌。正如育儿指南中提到的父母的恰当角色一样，政府的恰当作用是搭建平台。这个平台应当让资本主义的创造力完全释放，但也要能够制约由我们的动物精神引起的极端行为。

说到极端行为，小布什曾精辟地将这次经济危机解释为“华尔街喝醉了”。但是，华尔街为什么会变得一塌糊涂？为什么美国政府为这种局面提供了前提条件，当它过度放纵时却置之不理？当前对这些问题的解释必定来自某个经济理论，这个理论能解释其中的原理，然而这个理论来源于对凯恩斯《通论》的逐步阉割。在《通论》首次出版后，这个过程便开始了，并在20世纪六七十年代愈演愈烈。

动物精神是凯恩斯解释大萧条的核心理念。在《通论》出版后，几乎所有的动物精神，不管是非经济动机还是非理性行为，都被他的追随者一一抹杀。他们只保留了恰能得出最小公分母理论的动物精神元素，目的是使《通论》和当时标准的古典经济学之间的学术差异最小化。古典理论并不包含动物精神，它认为人们完全按照经济动机理性地行动。

凯恩斯的追随者采取这种“改头换面的做法”（如海曼·明斯基所述）有两个充分的理由。[①] 首先，萧条仍在肆虐，他们希望能让人们尽快转变观念，支持凯恩斯关于财政政策作用的观点。为了获得尽可能多的支持者，他们将凯恩斯的理论改造得尽可能地接近当时的主流理论。而保留最小偏差的另一个原因，在于它能够让当时的经济学家用旧理论来理解新理论。

然而，这种短期的解决方式带来了长期后果。被注了水的《通论》在20世纪五六十年代几乎被普遍接受。但是，这种缩减版的凯恩斯主义经济学也容易受到攻击。20世纪70年代，新一代经济学家崛起，他们对缩减版的凯恩斯主义经济学提出

① 用明斯基的话说，重新改造后的凯恩斯主义理论被简化为“陈词滥调”，因为它“并没有解释经济如何陷入失业均衡……它并未顾及破坏性的内部动态过程”。

了批评，形成了所谓的新古典经济学。该学派认为，凯恩斯主义中残存的为数不多的动物精神可有可无，以至于对经济来说无足轻重。他们认为，凯恩斯的原创理论改造得还不够。在他们看来，现代宏观经济学的核心就是，经济学家根本不需要考虑动物精神。因此，颇具讽刺意味的是，凯恩斯主义之前的宣称并不存在非自愿失业的古典经济学又复活了。动物精神就这样被丢进了思想史的垃圾桶。

这种关于经济如何运行的新古典主义经济学观点从经济学家传播到智囊团、政治精英以及公共知识分子，最后传给了大众媒体。它变成了一个政治魔咒："我是自由市场的信奉者。"政府不应该干预人们追求自身利益的信念影响了世界各国的政策。在英国，它的表现形式是撒切尔主义，在美国则是里根主义，然后又从这两个盎格鲁–撒克逊国家传遍全世界。

关于政府作用的"宽容型父母论"取代了凯恩斯主义的"幸福家庭论"。在撒切尔当选首相和里根当选总统的30年后，我们亲眼目睹了这种论点带来的种种麻烦。对华尔街的极端行为的绝对放纵，使其完全失去了理智。现在，全世界都不得不承受这一恶果。

很早之前我们就发现，政府可以采取某些方式来抵消资本主义经济中的理性冲击和非理性冲击。但是，作为凯恩斯的思想遗产，政府的作用一直遭到质疑，在大萧条的经历中建立起来的保护机制逐步被破坏。因此，我们有必要重新理解资本主义经济的运作原理：人们不仅有理性的经济动机，还有各种各样的动物精神。

本书利用行为经济学这门新兴学科的观点，描述了经济运行的真实状况，解释了当人们作为真实的人，即拥有合乎人性的动物精神时，经济是如何运行的。本书还解释了，为什么忽视真实的经济运行会使世界经济陷入危机：信贷市场崩溃，实体经济岌岌可危。

借助社会科学领域70多年来的研究，我们能够阐释动物精神在宏观经济学中的作用，从而完成早期凯恩斯主义者未竟的任务。由于我们深知动物精神的重要性，并把它作为理论核心，而不是略而不论，所以我们的理论是站得住脚的。

在经济衰退的背景下，这样的理论尤其必要。最重要的是，政府决策者必须知道该做什么。对于那些已经有正确直觉的人而言，例如美联储主席本·伯南克，这样的理论依然重要。只有真正理解该理论，他们才会有信心和合适的理论武器来支撑自己的直觉，并选择积极的措施来应对经济危机。

ANIMAL SPIRITS

绪 论

要理解经济如何运行，弄清楚如何管理并促进经济繁荣，我们就必须关注能够真实反映人们观念和情感的思维模式，或者说动物精神。如果我们不承认那些重大经济事件背后基本上都有人类心理方面的原因，那么就永无可能真正弄清楚它们的来龙去脉。

可惜，大多数经济学家和商业作家似乎不谙此道，因而他们对经济事件的解释经常有很大的谬误。他们想当然地认为，个人的情感、感受和激情并不重要，经济事件是受神秘的技术因素或反复无常的政府行为驱动的。实际上，正如本书即将揭示的，这些事件的起因其实比较常见，只借助于日常思维就能发现背后的机理。本书的写作始于 2003 年春天，从那时起到现在的世界经济走势只能用动物精神来解释。世界经济好像过山车，先上升，而后在大约一年前开始下降。但奇怪的是，与通常在游乐场坐过山车不同，乘客直到经济开始下滑才发现自己置身于一段疯狂的旅程中；而且，正是因为乘客们的这种后知后觉，游乐场的管理者并不需要限制过山车攀升的高度，也从不提供安全设备以限制向下俯冲时的速度或幅度。

大家究竟是怎么想的？为什么直到银行倒闭、失业、抵押贷款止赎这类事情真的发生在我们身上时，我们才注意到呢？答案很简单。有一个经济理论让公众、政府和大多数经济学家消除了顾虑。该理论说，我们是安全的，一切都好，不会有危险发生。但是，这个理论是有缺陷的，它抹杀了经济运行中人的观念的重要性，也抹杀了动物精神的作用，甚至还抹杀了人们可能意识不到自己的处境其实不稳这一事实。

人们在想什么？

古典经济学宣扬的是自由市场的好处。不仅在美国、英国这样的资本主义桥头堡，而且在整个世界，甚至是在印度和俄罗斯这样的国家，人们都确信这一观念是成立的。古典经济学理论认为，自由市场本质上是完美而稳定的，即便有政府干预，也只需要很少一点儿。与此相反，政府的干预是现在或未来发生大衰退风险的唯一诱因。

这种推理可追溯至亚当·斯密的学说。经济实质上稳定的思想基础源于一个假想实验，它提出的问题是：完备的自由市场意味着什么？答案是：如果人们在这样的市场上理性地追求自身的经济利益，他们就会用尽所有的互利机会去生产商品并进行交换。最大限度地利用互利交易机会就会导致充分就业，要求合理工资的工人（他所接受的工资低于他对生产的贡献）就会被雇用。为什么呢？因为只要这样的工人尚处于失业状态，市场上就能达成互利的交易：雇主按该工人要求的工资雇用他，就能享有额外的产出，获得更多利润。当然，还是有某些工人处于失业状态，但那只是因为他们暂时还在找工作，或者他们坚持索要的工资高得不合理（超出了他们的产出贡献）。这样的失业是自愿的。

在某种意义上，关于经济稳定性的这种理论相当成功。例如，它能够解释为什么大部分求职者在多数时间里——即使是在严重衰退时——都有工作。它可能无法解释为什么1933年大萧条顶峰时美国有25%的劳动力失业，但它的确能够解释，为什么即使在那时仍有75%的劳动力有工作可做——他们正从事着亚当·斯密所预言的互利的生产和交易。

因此，即使在最糟糕的情况下，这一理论也应该得高分，至少按照我们曾在餐馆里偶尔听到的某位男生的标准而言是这样。这位男生抱怨，尽管他的答案70%正确，但拼写测验的成绩也只得了C。而且，在200年来形势最糟糕的时候，该理论表现甚佳，比如现在，美国的失业率仍只有6.7%（尽管仍在上升）。可以说，古典经济学的预言相当准确。

再来看看大萧条时期。很少有人会问为何在1933年就业率仍高达75%，相反，人们通常会问，为何有25%的劳动力失业。依我们之见，宏观经济学关注的是对充分就业的偏离。若不能实现这样的充分就业，其原因必然是偏离了亚当·斯密的经典模型。

像大多数同行那样，我们的确相信，亚当·斯密关于为何有这么多人就业的观点基本正确。我们也愿意相信，在一些特定条件下，亚当·斯密关于资本主义经济优势的观点也基本正确。但是，我们认为，他的理论不能描述经济体系中为什么会存在如此多的波动，也不能解释经济为什么会像过山车一样大起大落。而且，从亚当·斯密那里得出的经验之谈，即完全不需要政府干预或少干预，也是毫无根据的。

被忽略的动物精神

亚当·斯密的假想实验考虑到了人们会理性地追求自身的经济利益，这无疑是正确的。但是，这一假想实验并未考虑到人们会受非经济动机的驱使，而且没有考虑到人们的非理性程度或者被误导的程度。概而言之，它忽略了动物精神。

与此相反，凯恩斯试图解释经济偏离充分就业的原因，并强调了动物精神的重要性。他强调动物精神在商人的算计中所起的基本作用。他写道：“我们用于估计铁路、铜矿、纺织厂、

专利药品的商誉、大西洋邮轮或伦敦市内某栋建筑未来10年收益的这些基础知识并没有多大意义，有时甚至毫无用处。”既然如此，这些决策是如何得来的呢？这些决策“只能被视为动物精神导致的结果”。它们来自人们“想要采取行为的自发冲动”，它们不像理性的经济理论所预测的那样，是“量化收益乘以其量化概率的加权平均值”。

“动物精神”这一术语在古拉丁文和中世纪拉丁文中被写成spiritus animalis，其中animal一词的意思是“和心智有关的”或“有活力的”，它指的是一种基本的精神力量和生命力。[①] 但在现代经济学中，动物精神的含义略有不同。它现在是一个经济学术语，指的是导致经济动荡不安和反复无常的元素；它还用来描述人类与模糊性或不确定性之间的关系。有时候，我们被它麻痹；有时候，它又赋予我们能量，使我们振作，进而克服恐惧和优柔寡断。

正如家庭有时和谐、有时争吵，有时高兴、有时忧伤，有时成功、有时混乱一样，整个经济也是时好时坏。社会结构会改变，人与人之间的相互信任程度也会改变；同样，我们付诸努力和自我牺牲的意愿也绝非一成不变。

经济危机，例如金融和房地产危机，主要是由不断变化的

① 术语“动物精神”起源于很久以前，自从古希腊名医伽林（公元130~200年）的著作被大量引用之后，就成了这个术语的来源之一。哲学家乔治·桑塔亚纳构造了一个以“动物信仰”（animal faith）为中心的哲学体系，他将动物信仰定义为“一种纯粹的、绝对的精神，一种觉察不到的认知能量，其本质是直觉”。

思维模式引起的，这种见解与主流经济思想背道而驰。但是，危机见证了思维模式变化所起的作用。事实上，正是我们不断变化的信心、诱惑、嫉妒、怨恨、幻觉，特别是对经济本质的认识引发了危机。这些捉摸不定的因素可以解释为什么有些人会花钱买庄稼地里的房子，而且还有人愿意为购买者提供资金；为什么道琼斯指数先攀升到 14 000 多点，又在一年多后暴跌至 7 500 点左右；为什么美国的失业率在过去两年中上升了 2.5%，而且至今没有止步的迹象。这些因素还可以解释为什么世界主要投资银行之一的贝尔斯登只有接受美联储的紧急救助才勉强存活，而雷曼兄弟公司则随后在同一年宣告破产；为什么很多银行资本短缺，为什么有些银行在接受紧急救助之后仍摇摇欲坠，尚需再次救助。更重要的是，我们现在还不知道将来会发生什么。

有动物精神和无动物精神的宏观经济学

当然，宏观经济学的许多内容都可以解释经济为什么会发生波动。其实，宏观经济学教科书全都和经济波动这个主题有关。在这里我们只想给出两个例子。在第二次世界大战后，经济学家认为，只用一种单一的动物精神（比如工人讨厌降低货币工资，而雇主又不愿意给那么多）就能解释对充分就业的偏离。随后，这种思想演变成稍微复杂的、关于工资为何变化缓

慢的解释。根据这一说法，由需求变动引起的就业波动是因为工资和价格并不是同时设定的。在宏观经济学中，这个概念就是所谓的“交错合同”。宏观经济学教科书中充斥着各种对亚当·斯密的简单假想实验的偏离，而在这些假想实验中，受纯粹经济动机驱动的理性的人总是心照不宣地相互达成合同。

正是在这一点上，本书与主流经济学教科书有着理念上的差异。本书将呈现一种与众不同的描述经济的方式。教科书式的经济学试图尽可能地最小化对纯经济动机和理性的偏离，这样做有充分的理由，而且本书的两位作者大半生都在用这种传统方式描述经济。人们已经充分理解亚当·斯密的经济学。把经济波动解释成对亚当·斯密所描述的理想体系的微小偏离容易让人理解，因为这样的解释符合已经被充分理解的理论框架。但是，这并不意味着，对亚当·斯密体系的微小偏离能够描述经济的真实运行情况。

本书将打破这种传统。我们认为，经济理论不能仅限于解释对亚当·斯密所描述的理想经济体系的最小偏离，还要解释实际发生且能观察到的偏离。鉴于现实经济离不开动物精神，因此要描述经济的真实运行，就必须考虑动物精神。这也正是本书的宗旨。

我们认为，我们可以解释经济是怎样运行的，这是一个永远值得研究的课题。但是，由于本书写于2008年冬至2009年，所以也会描述我们如何陷入困境，以及我们要采取什么样的行动才能走出困境。

经济运行的真正原理

本书的第一部分将描述动物精神的5个不同方面，以及它们是如何影响经济决策的。这5个方面分别是：信心、公平、腐败和反社会行为、货币幻觉以及故事。

- 我们的理论基石是信心以及信心与经济运行之间的反馈机制，正是这种机制放大了各种干扰。
- 工资和价格的设定大体上取决于对公平问题的关注。
- 我们承认腐败和反社会行为的诱惑，以及它们在经济中所起的作用。
- 货币幻觉是我们的第二大理论基石。公众搞不清楚通货膨胀或通货紧缩，更弄不明白它们的影响。
- 我们对现实生活的感觉、对自我身份的认同以及对自身行为的看法，是同我们自身和他人的生活故事交织在一起的。这些故事汇集成国家和世界的故事，并在经济中发挥重要作用。

本书第二部分将论述这5种动物精神如何影响经济决策，并说明它们在回答以下八大问题时如何起关键作用：

第一，为什么经济会陷入萧条？

第二，为什么中央银行迄今为止有控制经济的权力？

第三，为什么有人找不到工作？

第四，为什么从长期看通货膨胀和失业此消彼长？

第五，为什么为将来储蓄的决定如此随意？

第六，为什么金融价格和公司投资如此易变？

第七，为什么房地产市场具有周期性？

第八，为什么弱势的少数族裔世世代代在贫困中挣扎？

我们认为，如果运用动物精神理论，就很容易回答这些问题。相应的，如果我们认为人们只是理性地遵从经济动机，也就是说，如果我们认为经济按照亚当·斯密的“看不见的手”理论那样运行，这些问题就无法解答。

这八大问题都是基础性问题。任何人只要对经济怀有天生的好奇心，就会关注这些问题。通过为这些问题提供合乎常理且令人满意的答案，我们的动物精神理论描述了经济的真实运行状况。

在这一过程中，我们也做到了现有理论未能做到的事情。我们提出的理论全面而又合乎情理地解释了美国和世界经济如何陷入衰退。也许更重要的是，这样的理论可以告诉我们为了摆脱危机，我们应该做些什么（第八章给出了我们的分析和建议）。

ANIMAL
SPIRITS

第一部分

动物精神：全球金融危机的根源

第一章

经济周期背后的思维模式

本书作者之一阿克洛夫想起几年前一次晚餐聊天时的情形。一位来自挪威的远房亲戚，可以说是相当远的远亲，在家族婚礼上与阿克洛夫有过一面之缘。据说，在房价暴涨期间，这位远亲花了 100 多万美元，在挪威中部的特隆赫姆市买了一栋房子。对于纽约、东京、伦敦、旧金山、柏林甚至奥斯陆来说，这笔钱也许都算不上大数目，但对位于挪威海岸极其偏远的、几乎称得上是世界最北城市的特隆赫姆来说，这可是一笔巨款。而且，那还不是一栋大房子。阿克洛夫并没有在意，只是把它视为斯堪的纳维亚房价高企的又一个表现。

最近，他告诉另一位作者席勒，自己一直在犹豫，是否应该再多考虑一下特隆赫姆市发生的事。我们对此进行了讨论。阿克洛夫当时的反应有些大意，以至于把花高价买一栋小房子看成了一桩无关紧要的怪事。与之相反，阿克洛夫本应该看出这个故事非同寻常，值得对其进行积极的思考，并将其放在更大的市场背景中进行分析。

我们确信，这个小故事值得认真思考，因为它可以让我们洞悉经济周期的两个主要特征——繁荣和衰退——背后的思维模式，尤其是席卷全球的信心和信用双重危机背后的思维模式。

信心：最重要的动物精神元素

当经济陷入衰退时，报纸和专家告诉我们需要“重塑信心”。正因如此，1902 年美国股市崩盘时，约翰 · 皮尔庞特 · 摩根和各大银行家集中资金投资股票市场。1907 年他又采取了同样的策略，试图恢复信心。富兰克林 · 罗斯福在分析大萧条时也使用了类似的词语。他在 1933 年首次当选总统时的演讲中说：“我们唯一应该恐惧的就是恐惧本身。”他在同一演讲中随后补充道：“我们遇到的问题并不严重，要有信心。”自有美利坚合众国以来，经济衰退就一直被认为是缺乏信心的结果。

经济学家对信心这个词语的含义有过特别的诠释。很多现象都有两个（或更多个）均衡结果。例如，在“卡特里娜”飓风过后，如果谁都不在新奥尔良州重建家园，那么，其他人也不会去重建。谁愿意孤零零地住在没有邻居也没有商店的废墟中？但是，如果有许多人在新奥尔良重建家园，其他人也会愿意重建。因此，可能存在一个好的（重建）均衡，在这种情况下，我们就说人们是有信心的；也可能存在一个不好的（不重建）均衡，在这种情况下，我们就说人们缺乏信心。从这个角度来看，信心只不过是一种预测，在上述例子中，就是对其他人是否重建家园的预测。有信心的预测会认为前景乐观，而缺乏信心的预测则认为前景暗淡。

但一查词典我们就知道，“confidence”（信心）可不光是一种预测。根据词典中的解释，“confidence”的含义是“信任”（trust）或“完全相信”（full belief）。这个词语来自拉丁文的“fido”，意思是“我相信”。在我们写作本书之时，我们所处的信心危机也被称为一场信用危机（credit crisis）。“credit”一词源自拉丁文“credo”，意思也是“我相信”。

考虑到这些词的其他含义，经济学家以双重均衡或“乐观预测与悲观预测”为基础的观点，似乎漏掉了一些东西。[1] 经济学家只是抓住了信任（trust）或相信（belief）的部分含义。他们认为，信心是理性的：人们利用手头信息做出理性预测，

---

① 拉塞尔·库珀和约翰·安德鲁特别强调双重均衡在宏观经济学中的作用。本章对信心的看法超越了这种解释。我们所描述的信心对应于罗兰·伯拉布在其开创性论文中提出的观点。伯拉布认为，信心概念对应一种心理状态，在该状态下，人们并不充分利用他们可以得到的信息。他们过分信任经济，这种心态导致了过度投资。奥利弗·布兰查德对动物精神的本质也持类似观点。他对密歇根消费者信心指数所预测的未来收入变动到底是反映了消费者的信心还是消费者对未来的预测进行了区分。布兰查德把这种消费者信心看作“动物精神”。

然后再以这些理性预测为基础做出理性决策。当然，人们经常按照这种方式自信地做决策。但信心这一概念的含义远不只这些。信任的真正含义恰恰是我们会超越理性。诚然，容易轻信他人的人经常抛弃或者忽视某些信息，他甚至不会理性地处理他所得到的信息。即使他理性地处理信息，也不一定会据此理性行事。他行动的依据是那些他确信正确的东西。

如果这就是我们所谓的信心，那么，我们立刻就会知道，为什么随时间变化的信心在经济周期中发挥着如此重要的作用。在好的年景，人们有信任感。他们自发地做决策，并本能地相信自己会取得成功。他们把怀疑搁置，而当每个人都这样做时，资产的价值就会升高，而且可能还会继续上涨。只要人们保持信任感，他们的冲动就不会显现出来。一旦信心消散，人们决策的冲动就暴露无遗。

信心这个词指的是那些不能用理性决策涵盖的行为，它在宏观经济学中起着重要作用。当人们有信心时，他们就会买进；缺乏信心时，他们就会退缩，就会卖出。经济史充满了这样信心满满与信心消退的循环。谁不曾在徒步远足时突然发现一条荒废已久的铁路，它在某人的旧梦中曾通往华厦和财富；谁没有听说过 17 世纪荷兰发生的郁金香泡沫，或许我们还可以补充一点，荷兰人一直以思想保守闻名于世，以致被揶揄为世界上最谨慎的人；又有谁不知道，即便是牛顿这位现代物理学和微积分学之父，也在 18 世纪的南海泡沫中损失惨重。

所有这些把我们再次带回到特隆赫姆。阿克洛夫错误地看待了他那位亲戚的百万住宅所反映的现象。他本应看到，特隆赫姆高昂的房价不仅反映了斯堪的纳维亚的房价过高，而且是全球房地产泡沫的一部分。他过去一直轻信了自己的判断。

这就把我们带回到凯恩斯关于动物精神的描述。当人们做重大投资决策时，他们必须依靠信心。标准的经济学理论则不这么认为。它为理性决策提供了一个正式程序：人们考虑所有可能的选择、这些选择的结果、每个结果的优势、每个选择的概率，然后再做出决策。

但是，我们真的会这么做吗？我们真的有办法确定那些概率和结果吗？或者相反，经济决策，以及我们自身关于买什么资产、持有多少资产的大部分决策，不是更多地建立在我们有无信心的基础上吗？这些决策过程不是更接近于我们翻煎饼或打高尔夫球时所做的决策吗？我们所做的大量决策，包括我们生活中最为重要的某些决策，都是因为它们“看起来是正确的”。在通用电气担任了多年 CEO（首席执行官）的杰克 · 韦尔奇（后文还会讨论到他）是全球最成功的 CEO，他说，这些决策“全凭直觉”（straight from the gut）。

而在宏观经济层面，总的来说，信心时有时无。有时候，它是合理的，有时又不合理。信心不仅仅是理性预测，还是动物精神中最重要的元素。

信心乘数效应

凯恩斯经济学理论最基本的元素就是乘数概念。这一概念最初由理查德·卡恩作为一种反馈系统提出，后被凯恩斯所用，成为其经济理论的核心。凯恩斯的《通论》出版不到一年，约翰·希克斯就对凯恩斯理论进行了定量化的诠释，该诠释强调刚性乘数以及乘数效应与利率的相互作用。希克斯的解释很快就取代了《通论》原版，成为凯恩斯经济理论的权威解读。凯恩斯的著述虽然发人深省且趣味盎然，但结构松散、不连贯甚至令人费解，而希克斯的论述则有条有理、言简意赅且逻辑完整。所以，希克斯风靡一时。不过他的名气不及凯恩斯，因为在人们眼里，他只不过是凯恩斯天才思想的诠释者而已。但是，就希克斯对思想史的影响而言，“凯恩斯主义革命”同样是一场“希克斯主义革命”。

但是，我们相信，希克斯主义的凯恩斯思想过于褊狭。我们应该研究信心乘数这个关联概念，用它取代希克斯的简单乘数概念。

凯恩斯乘数概念历经数十年，被数百万在校大学生认真学习。该乘数是这样起作用的。任何初始的政府刺激，例如增加政府支出的某个项目，让人们赚到钱，然后再由他们花出去。初始的政府刺激是“第一轮”。政府所花的每一美元最终都会变成某些人的收入，有收入在手，他们就会将此收入再花出去一部分。这个比例就是 MPC（边际消费倾向）。因此，支出的初始增加会带来第二轮支出，这轮支出是由人们而不是由政府花费的。这些支出又会成为某些人的收入，其数额为 MPC 美元，这些人也花费收入的一部分，即相当于 MPC^2 美元，这就是第三轮。不过，这个过程不会终止。随后是一轮接一轮的支出，因此，政府最初支出 1 美元的效果是（$1+MPC+MPC^2+MPC^3+MPC^4\cdots$）美元。所有这些数值的总和并不是无穷大，它实际上等于 1/（1–MPC），此数值即凯恩斯乘数。但是，这个总和可能要远大于第一轮的政府刺激。若 MPC 为 0.5，凯恩斯乘数就是 2；若 MPC 为 0.8，凯恩斯乘数就是 5。

凯恩斯在《通论》中阐述的思想吸引了许多人，随后，希克斯在 1937 年抓住了这一思想并用其解释大萧条之谜。大萧条一直是个难解的谜，因为人们找不到这一重大事件的主要原因。乘数理论说明，支出的小幅下降会产生放大效应。如果人们由于担心发生像 1929 年那样的股市崩盘而反应过度，导致消费支出产生实质性的小幅下降，那么，这就像是一个具有负面效应的政府刺激。人们的消费每削减 1 美元，就会有另一轮削减支出，然后，一轮接着一轮。这意味着，经济活动的下降会远大于初始的冲击。因为遭受多轮负的支出冲击，经济会陷入更深的危机，所以大萧条会持续多年。该理论获得了广泛赞誉（只不过没有立刻付诸政策实施），因为它形象地再现了大萧条在 1929~1933 年日益加深的场景。

凯恩斯的乘数理论非常受计量经济学家欢迎，因为它可以量化并建模。在《通论》出版和希克斯对它的诠释发表前后，有关国民收入和消费的权威统计数据已经出现，这就为他们的分析提供了数据。最早的国民消费估算数据是由布鲁金斯学会在 1934 年发布的。米尔顿 · 吉尔伯特在 20 世纪 40 年代初建立了美国的国民收入与产出账户，并将其纳入一个适合用凯恩斯－希克斯理论进行分析的框架。迄今为止，美国政府（同其他主要国家的政府一样）都是按照这一理论的要求编制国民收入和消费数据的。尽管经济学文献瀚如烟海，但令人奇怪的是，在希克斯之后，似乎还没有哪个宏观经济模型有如此权威，可以引起国民数据收集方式的重大改变。从某种意义上说，这个理论是正式建模的基础，也是数据收集的基础，因为我们今天的数据都是从同一套理论中产生的。

数据集的创建，促进了各国创建大规模计算机仿真经济模型的大发展。简 · 丁伯根在 1936 年为荷兰经济创建的计量模型和 1938 年创建的包含 48 个方程的美国经济模型，拉开了这种建模方式的序幕。1950 年，劳伦斯 · 克莱因为美国经济创建了另外一个模型，在其后几十年里，它发展成了庞大的联合国世界计量经济连接模型系统，连接着世界上每一个主要国家的计量经济模型，总共包括几千个方程。在这些模型中，动物精

神的作用很少体现，因而凯恩斯对这些模型持怀疑态度。[①]

不过，设想信心在这些模型中能起一定作用还是有可能的。我们通常认为，乘数只与那些易于度量的传统变量有关。但是，乘数概念也同样适用于特殊变量，或者不那么容易度量的变量。因此，不仅有消费乘数、投资乘数和政府支出乘数（它们分别表示当消费、投资或政府支出发生1美元变动时，收入会怎样变动），信心乘数也同样存在。信心乘数表示由于1个单位信心的变动（这种变化总有办法感知或度量）而导致的收入变动。

像消费乘数一样，我们也可以认为信心乘数是若干轮支出的结果。与上文列举的各轮消费支出中的反馈机制相比，信心乘数中的反馈机制要有意思得多。信心的变化导致收入的变化和下一轮的信心变化，而每一轮变化都会进一步影响未来各轮的收入和信心。

人们对如何衡量“信心”的研究已经有很长一段时间了，其中最著名的是密歇根消费者信心指数，当然还有一些其他指数。部分统计学家已经研究出了模型，并使用这些数据来检验信心对GDP（国内生产总值）的反馈。这种可衡量的信心是未来支出的预测器，人们对此并没有太大异议。对几个国家的因

① 在评论简·丁伯根和他的建模努力时，凯恩斯写道：“在现阶段我不相信任何摆弄模型的人，这种像炼金术一样的统计学也许会成为一个科学分支，但我还未被说服。牛顿、波尔和洛克都玩过炼金术。因此，他就继续玩吧。”

果性检验表明，当前衡量的“信心”的确会引起未来 GDP 的变动，这一结果似乎证实了信心乘数中隐含的反馈机制。其他统计学家利用信贷利差（高风险债券的利率和低风险债券的利率之间的差距）进行了类似分析，他们将利差解释为信心的衡量指标，并检验它们是否影响 GDP，或是否有助于预测 GDP。但我们相信，这样的检验实际上价值不大。即使检验结果可靠，也并不一定意味着是动物精神在起作用。为什么？因为这些信心指标可能并不是在衡量信心，而只是反映了消费者对当前和未来收入的预期。

当然，我们希望它们能够准确预测未来的支出和收入。衡量信心对收入的影响也很困难，因为在不同的时候，信心对收入的影响也是不同的。当经济开始下行时，信心变动对收入的影响就特别大，而且具有决定性，但在另一些时候就不那么重要。奥利弗 · 布兰查德正是用信心指数来描述美国 1990~1991 年的衰退（有时被称为“科威特衰退”，因为在萨达姆 · 侯赛因入侵科威特之后，石油价格的上升引发了这场危机）。布兰查德相信，信心指数恰恰反映了当时发生的情况。他发现，在经济衰退之前，密歇根消费者信心指数曾出现不可预测的巨大波动。他认为，这归因于伊拉克入侵科威特之后出现的悲观潮。紧随信心丧失的是消费的大幅下降。

信心会对乘数产生更深层次的影响，其他乘数也高度依赖信心水平。截至 2008 年 11 月的经济状况揭示了其中的原因。

信心低落导致信贷市场冻结，放款人不相信能收回贷款。在这种情形下，那些有消费意愿的人发现，他们难以得到所需的信贷；那些供货商发现，他们难以获得所需的流动资金。其结果是，通常的财政政策（政府增加支出或减税）的乘数都会减小，而且有可能更小。

在第八章，我们建议政府设定两个目标来解决危机。第一个目标，也是在正常衰退当中唯一需要的目标，是货币政策和财政政策紧密结合充分发挥作用，使经济恢复到充分就业的水平。但是，由于（由信心低落引起的）信贷紧缩极其严重，这样的刺激是不够的。的确，在信贷紧缩时期，为了实现充分就业，可能需要大幅增加政府支出或减税。因此，我们认为，政府的宏观经济政策应该有第二个目标或中间目标，也就是宏观经济政策应该将信贷流量控制在充分就业时的水平之上。在第七章，我们将讨论美联储如何制订灵活的计划，以使在危机时期也能实现这样的目标。这一目标的实现可以恢复因信心骤降而消失的信贷流量。

第二章

公平：工资和价格水平最重要的决定因素

艾伯特·里斯是一位有见识的聪明人，事业有成。他生于1921年，大学就读于奥伯林学院，后赴芝加哥大学攻读博士学位，此后由于成绩优异而留校任教。他在学校里逐级提升，从助教、副教授到教授，最后做到系主任。他的主要研究领域是劳动经济学，并写作出版了一部力作——《工会经济学》。1996年，他离开芝加哥去了普林斯顿大学，不久之后开始担任高级行政职务。福特总统任命他为工资与物价稳定委员会主席。其后，他重返普林斯顿大学担任教务长，最后出任艾尔弗雷德·斯隆基金会主席。

在去世之前，里斯为一场研讨会（此前3年，里斯也曾被邀请参加一场类似的研讨会）撰写了一篇纪念老朋友雅各布·明瑟（芝加哥学派另一位著名的劳动经济学家）的文章。

他利用这个机会回顾了他作为经济学家的前半生，并坦率地承认：他从后半生主要从事管理工作的经历中发现，自己早年所做的分析研究里存在致命的疏漏。作为一名管理者，他必须不断地判断什么是公平的，什么是不公平的；而作为一名经济学家，这一概念从未在他的分析中出现过。

以下是他的原话：

> 我讲授了30年的新古典工资决定理论，并试图在我写作的教科书中给出解释，可是这个理论完全没有提到公平……20世纪70年代中期以来，我开始担任各种与工资制定和管理有关的职位，其中包括在尼克松政府和福特政府的三个工资稳定机构中任职，担任两家公司的董事、一所私立大学的教务长、一家基金的主席以及一家文科院校的理事。在其中一家公司我还做过薪酬委员会主席。
>
> 在担任这些职务的过程中我发现，我教了这么多年的理论对实际工资的制定几乎没什么作用。在现实世界里，制定工资所涉及的因素似乎与新古典理论中所说的那些因素迥然不同。在现实世界里，最重要的决定性因素似乎就是公平。

公平问题不该受冷落

在某种意义上，里斯的上述言论夸大了经济学家忽略公平问题的程度。同其他人一样，经济学家也知道人们把公平看得有多重要。作为父母，他们也都见识过孩子们为了抢一个好座位而激烈争吵的情景。经济学家也知道《圣经》里记载的争夺故事：约瑟怎么颇受父亲的偏爱，父亲怎么给了他一件彩衣，而他那些眼红的兄弟们又做何反应。兄弟们都嫉恨约瑟，先是把他扔进一个深坑里，想饿死他，后来觉得还是把他卖给前往埃及的奴隶贩子更好。

关于公平问题，经济学家已经撰写了大量论文，一位名叫厄恩斯特·费尔的经济学家甚至就这一主题写了一套丛书。

但是，在更广泛的意义上，里斯的感悟不仅对他自己，而且对整个经济学而言都是正确的。不管在公平方面有多少文章，也不管经济学家认为它有多么重要，在经济学的思维模式中，它一直备受冷落。看看教科书吧，尽管有些教科书的确提及公平是一种动机，但它们仍将公平置于章节的结尾，作为章后的阅读材料。学生为了应付考试可以跳过这些章节，而指定教科书的教授则确保了教科书无所不包，甚至包括公平问题。

但是，公平可能与其他被认为最重要的经济动机同等重要。人们对公平有关问题的思考，是否达到甚至超过人们对其他那些重点关注的经济问题的思考呢？对公平因素或社会期望的考量带来的结果，不亚于大家集中关注的经济动机产生的后果吗？这些问题的提出将改变公平受冷落的地位。

当然，教科书之所以不涉及这些问题，还有更深层的原因。经济学教科书被认为只和经济学相关，而与心理学、人类学、社会学、哲学或者其他任何有关公平问题的学科无关。那些指定经济学教科书的人，想讲授他们的特殊专长。在大量应用中，纯经济学理论毫无疑问是有价值的，因此，经济学教授自然就会倾向于注重那些重要理论，即便它并不适用于其他同样重要的应用。运用理性理论来分析问题可以得出简洁精致的表述。如果有人指出，正统经济学之外的其他因素是某些重大经济现象的根本原因，他就违背了经济学教科书的规范。这就好比在高级晚宴上大声打嗝，没有人愿意这样做。

问卷调查：公平比经济动机更重要

对公平的研究确实表明，对公平的关注很可能超过对理性经济动机带来的影响的关注。我们感兴趣的一项研究来自心理学家丹尼尔 · 卡尼曼和两名经济学家杰克 · 尼奇及理查德 · 塞勒组成的一个小组，该研究调查受访人对许多情境的反应：在这些情境中发生的行为哪些是可接受的，哪些是不公平的？

第一个问题是关于暴风雪后的雪铲价格，它说明了研究的方法和答案。根据研究人员设定的情境，某地下了一场暴风雪，当地的五金店提高了雪铲的价格，这种提价行为是可接受的呢，还是不公平的？根据基本的经济学原理，这样的区别是

无关紧要的：人们现在不得不铲除车道和人行道上的积雪，因此，需求的增加必然导致价格的提高。但是，82% 的受访人认为，在暴风雪后，将雪铲价格从 15 美元提高到 20 美元是不公平的。五金店是在发顾客的灾难财，因为它购进雪铲的成本并没有增加。在 1992 年“安德鲁”飓风过后，家得宝公司似乎考虑到了人们的这种情感，它在出售胶合板时并没有漫天要价，而是自己承担了大部分的新增成本。

卡尼曼、尼奇和塞勒设计了另一个情境，受访者对此的反应进一步说明，公平因素比经济动机更重要。

> 在一个大热天，你躺在沙滩上，唯一能喝到的饮料是冰水。你已经想了个把小时，想要美美地喝上一瓶冰镇啤酒，而且是自己喜欢的牌子。你的同伴起身打电话查询以后，提出从附近仅有的卖啤酒的地方（一家高级度假酒店、一家生意清淡的杂货店）买一瓶回来。他说啤酒可能很贵，因此问你愿意出多少钱。他说如果啤酒的价格等于或低于你说的价格就买一瓶，如果高于你说的价格就不买。你相信你的朋友，而且你没有机会和酒吧招待或杂货店店主讨价还价。那么，你会说个什么价格呢？

一般来说，对来自豪华酒店的啤酒和来自生意清淡的杂货店的啤酒，受访人有不同的底价，对前者的底价要比对后者的高。通常来说，他们愿意为前者多支付 75%。

这样的情景可能非常普通，但是人们对它的反应则有着深刻的含义。这些反应表明，公平因素的重要性不亚于理性的经济动机。如果受访人只考虑啤酒给他们躺在沙滩上增加了多少快乐，他们就会为它支付等同的金额，而不论它是来自酒店还是杂货店。如果杂货店的要价"高得离谱"，那么，这种额外的快乐就会荡然无存。杂货店的酒不能那么贵，因为他们不愿意花额外的钱从杂货店买酒。他们宁愿把钱花在酒店的酒吧。结果也必定如此，因为他们认为，杂货店索要的价格高过他们愿意支付的价格是不公平的。

经济实验：人们渴望公平

经济实验从另一个角度说明了公平因素的作用。这样的实验有很多，且各不相同，但我们最喜欢的是厄恩斯特·费尔和西蒙·加士德的实验。他们将一个实验室里常用的，再普通不过的游戏进行了创新，来检验实验对象的合作行为和相互之间的信任。在这个游戏中，实验对象可以将一些钱放入"储钱罐"，这样钱就会增加，然后，再同集体中的其他人分享罐中的钱。如果每个人都合作，那么，整个集体的收益最大。但是，人又有自私自利的动机：如果其他人都把钱放入罐中（钱先增加再被分掉），而我则只顾自己（不放钱），那么，我就会得到对我而言最好的结果。

关于这类游戏的结果，有一个标准观点：实验对象开始玩这类游戏时都会有某种程度的合作，但是，如果重复地玩这个游戏，他们便逐渐认识到某些玩家会作弊，因而也会逐渐选择作弊。在多次重复之后，所有玩家都自私起来。这种行为模式源于一种本性：从对猴子玩这个游戏的记录来看，它们同人类完全一样。

但是，费尔和加士德想了个主意。他们对游戏稍做改动，以确定如果玩家可以惩罚那些不合作者，将会发生什么。他们猜测，实验对象会采取惩罚行动，即便这样做不得不付出代价。而实验结果也确实如此：实验对象愿意花钱惩罚那些自私的人，即使个人需要为实施惩罚负担一定成本。有趣的是，他们还发现，惩罚的可能性会极大地减少自私行为。即便多次重复玩这个游戏，许多玩家仍然会将钱放入储钱罐中。

当然，实验对象愿意为实施惩罚支付一定的费用表明，实验对象关心公平问题。当其他实验对象自私时，他们会愤怒。对于另一组实验对象，费尔请他们玩类似的游戏，同时用扫描装置对他们的脑部进行扫描。结果表明，参与这样的惩罚似乎使实验对象兴奋，它激活了脑部的背纹体（dorsal striatum），当预期有多种不同奖赏时，这个区域就会有反应。①

① 2008 年 11 月 1 日，费尔给阿克洛夫发了一封电子邮件。费尔指出，在预期到（若一人口渴时）两位受试者都会得到水或（若一人发怒）可以报复时，脑部的背纹体就会被激活，因此，人们实际上是“非常喜欢报复的”。

公平交换理论

经济学最基本的理论是交换理论，它描述谁拿什么东西在什么市场上跟什么人交易。但是，关于交换还有一个社会学理论。它和经济学理论的主要区别在于，公平在交换中发挥核心作用。换言之，社会学的交换理论依赖对公平和不公平的看法。

社会学家关于交换的定义要比经济学家的定义宽泛得多，因此社会学需要一个不同的交换理论。他们不仅想解释市场交易，还想解释企业之间、朋友之间、熟人之间以及家庭内部成员之间的非市场交换。社会学家认为，如果交换是不公平的，那么处于不利地位的人就会愤怒，由愤怒激发的冲动会迫使交易趋向公平。

社会学的交换理论被称为公平理论。该理论认为，对交换的任何一方来说，投入应该等于产出。当然，这似乎在任何市场上都会发生，例如，超市卖给你商品，你为商品付钱。因此，社会学家说他们的理论受到了经济学家的启发（不过，经济学家也许并不认为这很光彩）。

但是，这两种理论还是有区别的，因为经济学家所认为的交易一方投入的价值，仅指他们投入的货币价值，它不同于社会学家所认为的投入和产出的价值。社会学家所说的投入包括主观评价，例如交易一方社会地位的高低。

早期的交换理论来自彼得·布劳对卷入复杂诉讼的政府代表所做的研究。按照官方规定，这些代表只能从上级那里寻求帮助。当然，他们并不想不停地求助于上级，因为这样做不仅会让上级生厌，而且显得自己缺乏知识和独立性。因此，他们集体违背规则，私下相互提供咨询帮助。

布劳观察到了这些咨询活动的规律，并用公平理论加以解释。他注意到，代表们的专业技能各有不同。你可能会认为，低专业技能的代表会向高专业技能的代表寻求建议，但这种情况很少发生。与此相反，低专业技能的代表向（从）专业技能也同样低的同行提出（获得）建议。与之类似，高专业技能的代表向（从）高专业技能的其他代表提出（获得）建议。为什么会发生这样的情况呢？

因为低专业技能的代表只有有限的本钱进行交易，他们只能表达感激之情。在低专业技能的代表向高专业技能的代表寻求建议的极少数情形中，他们也正是这么做的。这种感激在一开始可能有所回报，但最终会一无所获，渐渐地，低专业技能的代表连感激也越来越少了。低专业技能的代表在刚开始可能会从某个更有见识的人那里寻求建议，但是，后者可能很少有回馈。与此相反，在技能水平差不多的代表之间，同等价值的交换就会发生。

当主观因素（例如讨好和感谢的价值）进入这种评价时，这就演变成了一种公平交换理论。低专业技能的代表在和高专业技能的代表进行交换时所表达的感激之情，使交换变成了公平交换。交换一方的投入等价于另一方的产出。公平理论解释了为什么社会地位低的人（例如，传统社会里的黑人和妇女）会低声下气：为了在交换中使主观和客观因素的投入与产出相等，他们不得不比地位高的人付出更多东西。

公平是一种幸福，不公平是一种侮辱

尽管公平理论可以解释在某些交换中什么是公平，但还有一个更宽泛、更普遍的公平理论。社会学家认为，它就是行为规范，而行为规范描述的是人们对自身行为和他人行为的是非观。本书作者之一阿克洛夫联合雷切尔·克拉顿就这一主题出版了大量著作。我们已经指出，人们感到幸福其实主要是因为达到了他们的预期目标。从这个意义上看，人们绝大多数时候都想得到公平。如果别人觉得他们不能公平行事，他们会觉得这是一种侮辱。与此同时，人们也希望别人做到他们认为别人应该做到的事情。当人们认为其他人不公平时，就会烦躁不安(想一想费尔实验中的实验对象以及他们对惩罚的渴望吧)。

因此，公平会将人们对自身行为和他人行为的是非观等概念引入经济学。

经济决策者需考虑公平因素

在众多经济决策中，对公平的考虑是一个主要动机，它同我们的信心有关，同我们有效地开展协作的能力有关。当前的经济学对公平的看法语焉不详。尽管有大量文献讨论什么是公平、什么是不公平，但在解释经济事件时，公平因素在传统上通常是次要的。

然而我们坚持认为，如果这样的动机在经济争论中仍处于无足轻重的地位，就有必要对此加以纠正。我们认为，对非自愿失业、通货膨胀和总产出之间的关系这类基本的经济现象而言，如果把公平因素考虑在内，就可以容易地给出解释。反之，如果不考虑公平，那么这些现象仍将是不解之谜。我们将在本书第二部分（第九章和第十章）更为详细地阐述这一问题。

第三章

腐败和欺诈：经济运行的阴暗面

如果我们想要了解经济的运行机制和经济中的动物精神，还必须了解经济的阴暗面，即反社会行为的倾向，以及摧毁它的各种崩溃和失败。这种摧毁一般间隔时间较长，且不易觉察，但会让经济动荡不安。经济波动部分归因于公然腐败的显著程度和可接受程度在不同时期发生的变化，尤为重要的是，欺诈（即技术上合法但心术不正的经济行为）的普遍程度也随时间而变化。[①]

资本主义的拥护者们对资本主义提供的商品大加颂扬。[②]资本主义能够生产出任何可以带来利润的东西。因此，城市学

---

① 约翰·加尔布雷斯在其《1929年大崩盘》中描述了经济欺诈行为的周期性特征。他指出，欺诈行为在经济扩张时增长（“挪用公款的行为迅速增多”），并在经济崩溃后被发现。

② 本章的大部分内容来自阿克洛夫和保罗·罗默的共同研究。

家简·雅各布斯从城市风光的多样性和激情中看到了建筑的诗意，而这些风光正是无数私人企业家创造的成果。在戈尔巴乔夫的公开化时代，米尔顿·弗里德曼在芝加哥大学的知识遗产的继承人加里·贝克尔向莫斯科人介绍了电话黄页。电话黄页本身就是资本主义制度的产物，是资本主义物产丰富的象征，它们提供的信息都是按照字母顺序排列的。我们的一位朋友觉得，资本主义生产的是巧克力牛奶，而莫斯科的苏维埃委员们永远不会屈尊来生产这样的东西。

但是，资本主义的物产丰富至少有一个缺陷——它并不是自动地生产人们真正需要的东西，而是生产人们认为有需要且愿意为此付钱的东西。如果人们愿意为药品付钱，资本主义就生产药品；而如果人们还愿意为“包治百病”的假药付钱，资本主义就会生产假药。19 世纪的美国也的确有一个专门生产假专利药的行业。举个例子，约翰·洛克菲勒的父亲威廉·洛克菲勒就曾是一名流动商贩，他驾着双轮马车进城，分发传单，雇用叫卖者通报他的到来，在城市广场上发表演说宣扬他的药品有神奇功效，然后在一家宾馆的套间里接待顾客。老洛克菲勒似乎天生就有忽悠人的本事，他的儿子把这种遗传的天赋转变成了某种更具建设性的东西，尽管这么说可能会引起很多争论，但情况就是这样。

因此，保护消费者权益是一件比较重要的事情，但也有种种理由表明，这并不是资本主义的要害。消费者十分精明，在大多数情况下，他们不会胡乱买东西。他们的大多数购买行为都是重复进行的，如果一种产品没有效果，他们很快就会发现。零售商店也至少在某种程度上会对它们出售的商品提供保证。此外还有政府的保护措施，在消费者不能轻易分辨产品质量的领域，政府保护是特别重要的。许多产品都有安全要求，这是一个法律问题。例如，建筑标准保护房主免遭隐藏在墙壁“背后”的劣质工程之害。

但是，还有一个特别需要保护消费者同时又特别难以提供保护的领域，它就是代表着人们为未来进行储蓄的有价证券领域。据说（可能并不是真的）在很久以前，这种保护是不需要的，因为储蓄者和投资者的目标是一致的。渴望在未来获得收入的农场主会在自己的农场上投资，他比其他任何人都能更好地权衡他今天所付出的劳动和明天产出的提高。但是，今天的大多数工人并不是为自己工作，而且对他们而言，为将来打算的一种主要方式就是购买金融资产，如股票、债券、退休基金和人寿保险等。从本质来看，这些资产证券都是纸上财富：它们只不过是一些隐含着未来支付承诺的纸片罢了。

在现代经济中，绝大部分这样的储蓄来源都包含一个固有的特性，即价值的不可知性。由于规模经济，资本主义企业已发展得相当大，而且十分复杂。如果这些投资还承担着偿还企业债务的跌价风险，人们就不愿意投资此类企业。因此，资本主义创造了一项发明：有限责任。对于有限责任公司，股东的最大损失就是他们已投入的股本。

这种有限责任发挥了很好的作用。一方面，它保护股东，这促使他们一开始就投资有风险的事业；另一方面，它也允许股东向他人出售股票，不过后者将不得不承担跌价风险。你可能会认为，所有者的有限责任可能会打击企业的债权人，但在大多数情况下，这种打击是相当轻的。为什么？因为债权人只有在企业破产的极端情况下，才会面临回收贷款的问题。如果股东已经投入了足够的权益资本，那么债权人的风险就相当小，在某些情况下，这些风险甚至可以忽略不计。还有一些精确的指标，可以让人清楚地看到企业离破产有多远，这些指标包括资产和负债以及当期利润等会计指标。

有一个原因可以说明，为什么这些指标有助于保护债权人和股东。如果计算正确的话，资产减去负债就代表企业偿还贷款后剩余的资产净值。利润减去红利则代表净资产存量的增加额或减少额。前者表示企业离破产边缘有多远，后者表示它以多快的速率远离或趋近破产边缘。

但是，如果企业做假账，销售资产就同销售假药类似。正如声称假药具有某些根本不具有的疗效就可以沿街兜售一样，通过会计造假，企业就有可能兜售股票、债券或信用。由于会计造假，依赖会计数据对企业财务状况进行评估并购买股票的公众就会为股东的股份多花钱。此外，他们还可能人为地高估未来利润。于是，股东和股票期权的所有者就能从那些愚蠢地相信假账的人手中套现。

一些基础理论告诉我们，什么时候企业生产假药划算，什么时候不划算。假设有一家打算连续支付股利的企业。经济学家会说，在竞争性的市场上，股票的价格是这些未来回报的价值之和，鉴于回报是在将来发生的，而且包含着一定的风险，所以需要对这些回报进行适当的时间贴现和风险贴现。在一家企业正常运营的过程中，如果股票市场的套利活动是有效率的，而且企业所有者让企业继续运营并继续持有企业的股票，那么股票的价格就反映了企业的价值。

但是，有时候还有其他策略比持有股票并维持企业运营的策略更有利可图。如果企业在会计报表上做手脚，让所有者能够获得高于未来利润贴现值的回报，那么对所有者来说，这样做就比只持有股票更有利可图。获取这种高收益的方法之一是虚增股票价值，然后出售股票，让新的股东垫背。不过，这只是利用会计手段作假的其中一种方法。

另一种方法是出售信用，然后算出如何从债权人投入的资金中搂钱。搂钱有许多种方法，包括工资、奖金、私下交易、裙带关系、高股利和期权等（这些方法本身就会产生价值，因为会计核算让企业看起来比它的实际业绩要好）。

证明资本主义运行良好的一个普遍做法是，找一个积极进取、敢于承担风险的 CEO。杰克 · 韦尔奇在短短 5 年内将通用电气的雇员规模从 411 000 人裁减至 299 000 人，人们借用中子弹爆炸戏称他为“中子杰克”。杰克·韦尔奇并没有因此感到愧疚，根据资本主义的信条，他也无须如此。相反，他只是在尽自己的职责，让通用电气的利润最大化。但是，正因为有了这样的CEO，他们毫无愧意地为自己赚钱，为其所在的公司赚钱，所以需要有一种抵消性的力量，以确保所有这样的赚钱劲头不会蜕变为欺诈。这种力量就是会计师，他们因其可靠的人格和操守而闻名。对会计师人格的一项心理学研究发现，他们是以“事实和细节”为导向的，他们持“批评和怀疑的态度”，喜欢“以稳定有序的方式工作”。他们也是资本主义的英雄，是对抗狂野西部的冷血的“执法官”。

美国最近三次衰退中的腐败案例

美国最近三次经济衰退分别是1990年7月至1991年3月的衰退、2001年3月至2001年11月的衰退以及自2007年12月开始的经济衰退。这三次衰退都牵扯到了腐败丑闻，而且腐败丑闻还加剧了衰退的严重程度。因此，让我们逐个案例地分析腐败及腐败的小伙计——欺诈在这三次衰退中所起的作用。从这些案例可以看到，不管在哪里，腐败在衰退中都起到了一定的助推作用。实际上，在我们看来，美国的腐败问题要比一般国家少得多。

腐败丑闻总是相当复杂的，但也是相当简单的。说复杂，是因为参与人总是设法用复杂的手段来掩盖他们的违规之举；说简单，是因为它们总是违背一些基本的、有关合理合法挣钱的会计原则。

储贷协会和 1991 年的衰退

所有的上市公司实际上都在从事管理他人钱财的工作，因此，公司管理人员总是有机会中饱私囊，然后逃之夭夭。但是，这种机会的大小是不一样的。当机会大时，我们就能观察到它给整个经济带来的后果。储贷协会危机就是这样一个例子，虽然它不一定是导致 1990~1991 年美国经济衰退的主要原因（第一次伊拉克战争前后的油价高涨可能是更为重要的一个因素），但也是诱因之一。

在美国，储贷协会像银行一样主要提供抵押贷款。1982 年的《高恩－圣杰曼存款机构法》对储贷协会放松监管之后，储贷危机开始显现。该法律允许储贷协会大肆发放贷款，同时让政府为储贷协会吸纳的存款做担保。如果有人发放有问题的贷款，灾难就不可避免。放松监管为腐败创造了机会，某些储贷协会很快就抓住了这个机会，它们发放了许多不良贷款，随后破产。由此引发的危机最终导致重组信托公司的创建，该公司成立于 1989 年 8 月，专门处理破产的储贷协会。

会计造假的可能性总是存在，因为低资本金企业的所有者或管理人员发现，通过私下交易抽走资金，比继续经营、生产人们所需要的某种产品或提供服务更加有利可图。储贷协会就是一个特别容易滋生会计造假的对象，因为政府把自己搞成了替罪羊。由于政府发起成立了存款保险，储贷协会的债权人（即存款人）无须关心这些机构的信誉。如果出了什么问题，政府会背黑锅。政府也确实背了高达 1 400 亿美元的黑锅。[①]

20 世纪 80 年代，此类勾当拥有了风行的条件。原因相当简单，储贷协会在 80 年代以固定利率发放了大量抵押贷款。但是，当时的通货膨胀率在上升，而且随着通货膨胀率的上升，利率也普遍上升了。这意味着，获得资金的成本已经高出储贷协会从抵押贷款中获得的收益。若使用正确的会计准则，这些储贷协会就会破产。

但是，对政府而言，承认储贷协会破产是一件尴尬的事，如果这样做，就必须马上对这些机构进行紧急救助。因此，为了使储贷协会继续维持下去，就得聪明地利用会计核算。但是，拖到最后，绝大多数储贷协会只能以很低的价格出售，因为它们的资产净值几乎荡然无存，而且更多时候是负值。

既然有了这样的做法，各种形式的丑闻接踵而至也就不足为怪了。从持续经营的角度来看，储贷协会已经没有任何价值，但是，对于它们的所有者从事私下交易来说，这些机构可是价值连城。这些私下交易有的和房地产有关（储贷协会从房

---

① 这个数字是按照 1993 年的美元价值计算的。

地产开发商那里拿回扣)，有的与购买高风险高回报的资产有关。最有创造性地利用储贷协会进行私下交易的是垃圾债券大王迈克尔·米尔肯。

截至20世纪80年代，经济学家中的主流观点是：进行一笔有利可图的恶意接管活动即便不是不可能的，也是相当难的。如果企业的价值在竞购之前被低估了，那么竞购本身就会导致股价上涨。到交易完成时，竞购者的盈余将不足以支付收购的交易成本。

但是，米尔肯发现了一个可大幅降低接管成本的办法。他用别人的钱以闪电般的速度完成竞购。这笔钱直接来自储贷协会购买米尔肯的垃圾债券的资金。如果米尔肯或一家与米尔肯有关系的企业对某公司发起恶意竞购，那么，销售垃圾债券就可以帮助他获得收购所需要的大部分资金。储贷协会本身并不需要获得补偿，但它们的所有者可以从购买垃圾债券中获得某些“私人好处”，以保证垃圾债券的销售能顺利地持续进行。例如，储贷协会的所有者可以获得某种被称为认股权证的期权，根据这份期权，他们有权按某一确定价格购买股票。大家也都知道，在这些交易中，米尔肯经常给自己分配大量的认股权证。

公司高管发现，他们可以将自己的企业私有化，只要发行大量债券（例如垃圾债券）来偿付股东就行了。如果已被私有化了的企业能够用垃圾债券偿付，那么高管就会获得极高的报酬。不久之后，高管报酬的整个标准就会提高。高管薪酬方面的顶尖顾问格拉夫·克里斯塔尔对这种变化甚感震惊，他写了一本书——《追求无节制的高薪》。一个有着新标准的新不平等时代到来了。

米尔肯的损人肥私和新的不平等同时出现可能是巧合。1980年，罗纳德·里根当选为总统，带来了新的执政理念。米尔肯的行径可能只是注定要发生的历史性变化的第一个先兆。

但是，垃圾债券、恶意接管以及高管薪酬大幅增加的同时出现，的确凸显了资本主义的脆弱性。少数私下交易使经济学家们（他们设想金融家只会墨守成规）几年前认为不可能发生的事情真的发生了。

这种脆弱性在得克萨斯州表现得尤为明显，那里的储贷丑闻也特别猖獗。在那里，房地产价格狂涨。那些依法经营房地产的人知道当时发生了什么，他们面临的困境是：在知道房地产价格暴涨之后，他们应该就此停手，还是应该继续开展业务？我们知道，对于正直的建筑商和开发商而言，这是一个艰难的抉择。

对于1990~1991年衰退期间的经济乱象丛生和经济局势动荡不安，以及随后发生的经济复苏进展缓慢，一直拖到1993年，储贷危机难辞其咎。重组信托公司在储贷危机的一片狼藉中寻找幸存者的场景，以及重组融资公司为融资而拍卖债券时面临的重重困难，充斥报端。1990年，美国总审计署署长告诉参议院银行委员会：“我十分确信现在我们的银行体系并没有多少自信。”当联邦存款保险公司主席寻求联邦资金继续救助破产的银行时，公众信心受到进一步打击。危机也影响了房地产价格，从 1989 年最后一个季度的高峰跌至 1993 年第一季度的低谷，房地产的实际价格下跌了 13%。房地产价格的下跌又进一步波及建筑业和其他行业。危机还影响了股票市场，影响了人们对整个金融业的信任。危机影响了投资者的信心，影响了人们从事各方面经济活动的意愿。而这一切均肇始于腐败活动的猖獗。

安然事件和 2001 年的经济衰退

2001 年的经济衰退通常被归咎于 20 世纪 90 年代股票市场的暴涨。但是，此次衰退有多方面的原因，股票市场暴涨及随后的市场下跌也有多种原因，其中就包括几起臭名昭著的公司腐败案，而最著名的莫过于安然公司案。

对安然事件的研究，对会计准则如何被滥用的研究，本身就可以作为基础，开一门完整的会计准则课。但抛开夹杂其间的人身攻击、贪婪、野心、派别争斗、各种冒险之举以及投机取巧的精明人，我们还是可以简短地将该事件做一个概述。

曾任麦肯锡咨询顾问的杰弗里·斯基林发现了一种能让安然在短期获得巨额利润的办法。根据美国证券交易委员会（SEC）的新规定（大体上是应安然自身的要求），销售和购买天然气的长期合同应该采用按市值计价的会计核算法。也就是说，在记录这些合同时，企业可以将合同有效期内的未来预期收益流作为当期利润（当然，会根据未来收到这些收益的日期进行恰当的贴现）。只要略加思索就可以知道，这样的规定会怎样被系统性地滥用。在这些合同中，天然气的未来售价是固定的或者接近于固定的。要想高估当期利润，安然只需要低估未来的收购价格便可。而且，安然的企业文化给这样的行为提供了所有可能的便利和激励。那些从事获利交易的人，则获得了期权和其他丰厚的回报。

几乎可以肯定的是，安然公司还有另一个非常不同于贸易部的业务部门，该部门也采用类似的会计手法，存在类似的不当激励。除了能源交易之外，安然还有一个在发展中国家从事燃气电厂建设的部门，掌管这个业务部门的是能干且极富魅力的丽贝卡·马克女士。这些项目涉及在境外与许多不同的人合作，而且使用的是一种昂贵燃料，因此很难入账。这些项目中最著名的是印度达博尔电厂（Dabhol），它承诺解决马哈拉施特拉邦未来数十年的发电问题（但对该电厂的客户而言，成本极高）。

即使入账后，像达博尔电厂这样的项目还将面临进一步的困难：它们不可能以合理的成本发电。但是，安然的会计操作并不理会这一点。它利用按市值计价的会计准则，根据合同签署时设定的预设成本来核算这些项目的利润。只要这些项目

还在账上，就可以录入预期利润。尽管项目可能遭受重创，而且，即便按照最乐观的预期，正式发电尚需数年，但参与这些项目建设的人都相应得到了报酬。这些项目入账的金额巨大，安然从中录入了巨额的当期利润。当安然公司无法在会计报表上处理实际上并不存在的利润时，令人奇怪的是，安然公司非但没有设法修正超额的利润，相反，它仍然利用虚增利润的策略，延续利润神话，这终于引起了华尔街的注意。

虚增利润的合法手段很快就用光了，随后，安然转向了非法的会计操纵，这种会计操纵相当于一部创造利润的永动机。安然首席财务官安德鲁·法斯托意识到，如果他能设立一家控股公司，让它以高价购买安然公司的资产的话，安然就可以把资产出售价同资产账面价之间的差额记为利润。

那么你会怎样做呢？你会把高估的安然股票卖给这家控股公司。同时，你让安然为这家影子公司的债权提供担保，以弥补可能发生的任何损失。这样，你就可以掩盖安然分类账中的利润损失。的确，通过这种操作手段，你想要多少利润就可以有多少利润，因为资产购买价由你说了算。债权人并不担心，因为他们手里攥着安然的担保。影子公司的股东身兼两职：他们不仅为影子公司工作，而且为安然工作。他们的报酬并不取决于他们把影子公司经营得多好，而是取决于他们把安然经营得多好。股东以安然股票期权的形式拿到某些利润，由于采用欺诈手段，股票价格是上涨的。而且，他们的报酬远不只为了把影子公司的账目从母公司的报表中拿掉而被要求持有的公司价值的3%。

那些负责向影子公司提供贷款的人也在干着类似安然公司高管干过的那些勾当。他们从贷款和提供给安然的顾问服务中获得大量酬金。他们或许也担心安然会在某一天倒闭，因为这样的话，高回报的把戏就会结束，但毕竟承担损失的是其他人。为安然提供会计服务的会计师事务所安达信也不会告发安然，他们担心，如果揭发了安然的勾当，就会丢掉安然提供给他们的报酬丰厚的顾问合同。这是另一笔私下交易。

经济学家可能会把这种情况描述为一种均衡，即每个人都寻求自身利益，但是，公众花了钱，却买了假冒伪劣的产品。这种均衡对所有相关者来说，绝不是互利的。2001年的这场经济衰退就是一个有力的证据。①

在股票市场崩溃之后，衰退就开始了。而股票市场的崩溃使公众日益认识到，许多企业特别是所谓的网络公司（dot.com）的确在欺骗公众。

人们开始普遍讨厌金融市场，而且这种态度对经济的抑制作用比你想象到的其他外部因素的作用要大得多。从1989年开始，卡尔·凯斯和本书作者之一席勒定期向个人和机构投资

① 尽管直到衰退后期（衰退是从2001年3月至11月）的2001年10月19日，证券交易委员会才对安然公司的财务违规展开调查，但安然其实早已遭到怀疑，公司的股票在此之前已经快速下跌。举安然公司的例子只是用来描述在衰退期间（包括持续至2002~2003年的微弱恢复期）存在的一种金融违规行为。

者发放调查问卷，从收回的问卷中可以发现，人们对金融市场中的腐败和欺诈深恶痛绝，因此打算退出金融市场，转而选择其他投资渠道（如房地产）。在2001年，投资者明确地告诉我们，会计丑闻是他们撤出股票市场的一个主要因素，也是他们转而对房地产市场抱以信心的原因。在房地产市场上，他们并不需要依赖会计师。

次级抵押贷款和当前的危机

在本章着笔之时，美国面临着另一个泡沫和另一轮丑闻。我们再次看到，相同的原理同样适用。

20世纪90年代末至2006年，美国的房价暴涨，特别是在波士顿、拉斯韦加斯、洛杉矶、迈阿密和华盛顿特区。这个房价泡沫一直伴随着次级抵押贷款的大幅增加而膨胀，次级抵押贷款从占抵押贷款市场的区区5%上升到接近20%，达到6 250亿美元。

次级抵押贷款变成了一个规模庞大但并未受到恰当监管的新行业。它们取代了政府向低收入借款人提供贷款的计划，而政府负责此计划的是联邦住房管理局和退伍军人管理局。在里根时代尊崇私人市场作用的理念影响下，为保护房主利益而受到高度监管的政府计划逐渐萎缩，而以高利率或可调整利率提供类似服务的私人公司则蓬勃发展。

不幸的是，许多次级贷款人发放了并不适合借款人的抵押贷款。他们大张旗鼓地宣传其较低的初始月供，掩盖了房主在将来难以支付较高利率的事实。贷款人成功地向那些财务状况最脆弱、受教育程度最低、消息最不灵通的人发放贷款。尽管这种放贷行为本来可能并不违法，但我们认为，一些更恶名昭彰的放贷行为绝对称得上腐败。

这些抵押贷款发起人一般并不相信他们自己的产品，都想尽可能快地将它们处理掉。这就使抵押贷款的发放和持有发生某些巨大变动成为可能。在过去，抵押贷款发起人，例如储贷协会，也是抵押贷款的持有人。但是，市场已经发生了变化。现在，无论是抵押贷款经纪人、银行还是其他储蓄机构，只有很少的抵押贷款发起人会持有抵押贷款。相反，抵押贷款会被出售，而且它们的收益经常以各种不同的方式被再打包。作为这种再打包的组成部分，不同等级的抵押贷款的收益被捆在一起，再切成许多块出售。金融市场发现，抵押贷款是有可能分块出售的，正如聪明的杂货店主发现，他们把鸡切块卖可以赚更多钱一样。这些抵押贷款的最终持有人并不是抵押贷款的发起人，通常，这些持有人并不会去调查投资组合中任何单笔抵押贷款的质量。他们同数量众多的其他买家分享收益，共担风险。

但是，如果抵押贷款，或者至少是高风险的次级抵押贷款，具有很高的风险，人们自然就会产生疑问：谁会买它们呢？事实表明，一旦抵押贷款被打包，金融奇迹就会发生。它们被拿给评级机构，评级机构通常会为其大开绿灯。次级抵押贷款包被给予十分高的评级：80% 为 AAA 级，95% 为 A 或 A 以上的评级。事实上，由于获得的评级很高，这些资产包会被银行控股公司、货币市场基金、保险公司甚至是以前从不单独接触任何这类抵押贷款的托管银行买走。

根据哥伦比亚大学商学院金融学教授查尔斯·卡洛米里斯的观点，评级机构要完成这种帽子戏法，需要两种手段。第一，它们设法把预期违约损失发生率调得很低，大约为 6%。这一违约概率是根据最近的数据统计出来的，而在此期间，房价一直在快速上涨。第二，评级机构预计，即便真的出现违约，预期的违约损失大约为实际损失的 10%~20%，这个数字并不大。

这些被高估了的资产包的买家也没有兴趣去仔细研究这堆垃圾，他们只想把买次贷获得的较高收益体现在他们的当期利润中。① 况且，质疑 AAA 评级需要相当多的经验，非一般人能做。而那些将垃圾资产打包的人想的自然也是他们的佣金。在整个游戏中，没有人会负责任地检举揭发。如果一家证券评级机构给出较低的评级，打包者就会把生意给别人做。因此，从购房人到抵押贷款发起人、抵押贷款证券化机构、评级机构，最后到抵押支持债券购买者，这个完整的链条达成了一种经济均衡，他们每个人都有各自的动机。但是，那些位于链条两端

① 阿尼尔·卡什亚普等人在其研究报告中指出，在瑞银集团，那些从事次级抵押证券业务的人能够获得非常高的利润——这个利润会直接同他的奖金挂钩。

的人，即那些买不起房的贷款人和这些债权的最终持有人，事实上是在购买现代版骗人的“万灵药”。

对冲基金会倒闭吗？

本书付梓之时正值经济低迷，其中一个最大的问题是：对冲基金的情况怎么样？典型的对冲基金合同给对冲基金管理人的激励存在很大问题。对冲基金通常的薪酬体系是，管理者可以收取运营资本的某一固定比率（通常是2%）作为管理费，此外还可以获得年收益的20%。这样，对冲基金的所有人就有强烈的动机尽可能地使其持有的资产杠杆化，并进行高风险的投资。但令人奇怪的是，大多数对冲基金似乎并没有大量投资在次贷资产包上。

卡洛米里斯声称，作为老练的投资者，他们不至于那么笨。但是，长期资本管理公司的溃败（我们将在第七章详细论述）告诉我们，杠杆化运作的对冲基金也会在非常时期（在其对冲模型的范围之外）倒闭。目前，我们还不知道，大型对冲基金的倒闭是会成为这次危机中另一只即将落地的靴子，还是真的就像他们所宣称的那样，他们极少冒险，只不过是在过高或过低的资产价格差（或收益率差）上下注。尚不清楚的是，它们的策略是否只在正常的时候起作用，而在资产市场变幻莫测的危机时期则会失效。

每次衰退都有腐败和欺诈的影子

从上面的例子中我们可以看到，掠夺行为的性质变化同最近三次衰退（即 1990~1991 年的衰退、2001 年的衰退以及 2007 年次贷危机爆发后开始的衰退）有关。这些例子表明，商业周期是同个人保持良好操守的责任感的变化以及掠夺行为的变化（与掠夺活动机会的变动有关）联系在一起的。

为什么新型的腐败或欺诈行为总是不时出现？答案部分在于，对这种行为应该受到什么样的惩罚，人们的认知总随时间而变化。随着时间的流逝，有关政府重大反腐行动的记忆逐渐模糊。在腐败活动猖獗时期，许多人可能认为逃脱惩罚是很容易的。他们认为，其他所有人也都这么做，而且似乎没有人因此受到惩罚。从某种意义上说，在这种情况下，不再严格坚持操守绝对是理智的选择。在某些时候，降低操守可能也是社会潜移默化作用的体现。正如拉杰·沙赫所证明的那样，与因为犯罪受到惩罚的概率相关的信息，会通过熟人间的网络进行传播。随着时间的推移，这一传播过程日益展开，让腐败滋生的情况更加复杂，也更加多变。

随着各种金融创新的出现以及金融监管对这一创新的放开，腐败或欺诈就会获得新的滋生机会，这也在一定程度上导致腐败或欺诈的程度随时间而变化。刚开始的时候，公众可能并不了解这些创新。腐败和欺诈的程度还会因文化而变化，它和害怕惩罚或技术变化毫不相关。这些变化显然是属于动物精神范畴的。随着时间的流逝，文化也会发生变化，从而推动或抑制激烈竞争和掠夺性的活动。由于这些文化变化难以量化，且不属于经济学范畴，所以经济学家很少将它们同经济波动联系起来。事实上，他们不应该这么做。

在20世纪20年代（即“兴旺的20年代”）的美国，因为越来越多的人公然违反法律到地下酒吧喝酒和赌博，而官方又疏于惩戒，所以那时就成了法治不彰的年代。警察对违法行为睁一只眼闭一只眼，结果变得似乎只有傻瓜才会遵守法律的规定。蔑视法律的现象俯拾皆是，人们对有关惩罚概率的信息视而不见。文学作品，包括1925年的小说《了不起的盖茨比》，都对经济掠夺者大加颂扬。实际上，20世纪20年代是一个金融掠夺横行的年代，它导致公众在随后几年里对这些行为都深恶痛绝；也正是因为这些掠夺行为，1929年之后及更晚一些时候，美国通过了一系列具有里程碑意义的法律[①]，包括1933年的《证券法》、1934年的《证券交易法》、1939年的《信托契约法》以及1940年的《投资公司法》。

20年代之后的文化变化也体现在其他方面，例如休闲活动。在30年代的大萧条时期，20年代末开始兴起的定约桥牌

---

① 1933年，纽约市长赫伯特·H·莱曼说：“我个人认为，现在没有什么能阻止席卷全国的废除禁酒令的运动。借助舆论的力量，反对伪善、敲诈勒索、不遵守法律的战斗已经快要取得胜利。如果让人们畅所欲言，舆论就会创造奇迹。”

风靡一时。1941年大萧条结束时，美国扑克牌制造商协会开展的一项调查显示，定约桥牌已经变成了最流行的扑克游戏，有大约44%的美国家庭在玩这种游戏。定约桥牌是一种需要搭档的游戏，搭档间必须互相配合。自诞生伊始，它就是一种备受推崇的社交游戏，可用于交友甚至找情人。它也被公认为一种学习处世技巧的有效手段（尽管玩牌偶尔也会导致友情破裂或离婚）。但是，定约桥牌很少用于赌博。

不过，在21世纪的前10年，定约桥牌已经没落。在人们眼里，它已经变成一种老掉牙的游戏，很少有年轻人喜欢它。不过，近些年来，扑克游戏，尤其是21世纪的新扑克游戏——得克萨斯扑克逐渐风行。这类游戏都是让玩家单打独斗，而且经常用来赌钱，虚张声势或不动声色等骗术在这类游戏中特别重要。

当然，我们知道，在牌桌上发生的事情与经济中发生的事情可能没有联系。但是，如果欺骗行为在数百万人在玩的扑克游戏中都可以有一席之地，我们还能天真地认为这种伎俩不会出现在商业领域吗？

第四章

货币幻觉：公众能否揭开通货膨胀的面纱？

本书作者之一席勒注意到波士顿通勤列车上的一块告示牌，上面写着："禁止吸烟——根据《普通法》第 272 条第 43A 款——单处或并处 10 日以下监禁，50 美元以下罚金。"这两种惩罚看起来很不相称。

这块告示牌解释了一种叫"货币幻觉"的现象，这也是为现代宏观经济学所忽略的一个元素。当决策受到名义美元金额的影响时，就会产生货币幻觉。经济学家坚信，如果人们是"理性的"，其决策就只会受到一种因素的影响，即他们用这些名义美元能够在市场上购买什么，或者出售什么才能够获得这些名义美元。在没有货币幻觉的情况下，定价和工资决策只受相对成本或相对价格的影响，而不受这些成本或价格的名义价值的影响。

几乎可以肯定的是，没有人曾因为违反第272条第43A款而蹲监狱。对我们来说，列车上那块告示牌显然是荒谬的，因为它强调的是现代宏观经济学的基本假设。根据那个基本假设，人们没有货币幻觉。但恰恰相反，告示牌表明了，名义因素的确重要。随后我们了解到，那条法律颁布于1968年。在通货膨胀的侵蚀下，罚金的实际价值降低了，然而该法律并没有修改罚金上限。自那时以来，50美元的实际价值已经下降了80%。在1968年，只要一天花费5美元就可以免受牢狱之灾，这个成本已经相当低；而在当今情况下，这一成本更是低得可笑。

列车上的告示牌反映出的只是众多问题的冰山一角，这些问题表明宏观经济学的基本假设——没有货币幻觉——应该受到质疑。

货币幻觉的思想史

长期以来，经济学家相信，经济中充斥着货币幻觉。后来，在20世纪60年代，他们推翻了这种观点。对于人们如何采取行动，60年代的经济学家的见解颇具说服力，因此，尽管没有太多证据，他们依然认定经济决策是基于理性行为的。既然行为是理性的，那么货币幻觉根本就不存在。而且，这种观点的变化也使宏观经济学发生了深刻的变革，我们接下来将解释其中的原因。

现代人估计很难想象，曾有人对通货膨胀及其对财富的影响一无所知。伟大的古典经济学家欧文·费雪因其“利率决定理论”而享有盛誉，但是，他还花费了大量心血来设计（或论证）他心目中完美的价格指数。他坚信，人们做出糟糕的经济决策往往是因为他们没有意识到通货膨胀。让公众知道美元的价值如何变动，正是费雪的个人目标。现在，这个梦想已经实现，公众和债券市场都认识到了消费者价格指数。①

在 1928 年的半通俗著作《货币幻觉》中，费雪列举了人们在没有认识到通货膨胀时可能会犯的种种错误。书中都是关于这些错误的小故事，而费雪特别关注的是一位名叫科拉的女士的不幸经历。费雪讲述了他和科拉去拜访她的投资顾问时发生的事情。科拉有 50 000 美元的债券，这在 1928 年堪称一大笔财富。但是，换成 20 年前（也即 1908 年左右），科拉会更富有。因为自 20 年前科拉继承这些债券以来，她这些资产组合的名义价值并没有变化，但是，按照费雪的计算，物价差不多上涨了 4 倍。② 因此，费雪于 1928 年前后陪同谨慎小心的科拉来到投资顾问办公室。投资顾问狡辩说，为了使风险降至最低，他一直采用保守策略为科拉投资。但费雪很生气，认定这个投资顾问根本不了解通货膨胀的风险和美元实际价值的不断变化。费雪还指出，科拉也没有意识到会发生通货膨

① 但是仍有大量偏见阻碍了公众接受指数化调整。

② 按照现代的计算，物价增长接近两倍。

胀，因而不知道其债券的实际价值会下降。

在20世纪伟大的经济学家中，相信人们容易遭受这种货币幻觉伤害的，不只费雪一人。包括我们的英雄凯恩斯，也曾借助工人们不能通过谈判增加工资以抵抗通货膨胀的假设来解释充分就业时的收入分配。

因此，在老前辈中，甚至连师出名门的经济学家也坚信，人们常常有货币幻觉。但在此之后，经济学家的观点走向了另一个极端，货币幻觉很快被列为经济学的一大禁忌。

潮流逆转

20世纪60年代初，经济学家相信，通货膨胀和失业之间存在着一种权衡关系。根据权衡理论，当劳动力市场紧张时，工人们会要求较大的工资增幅；当经济接近于充分就业状态时，物价也会上升，其中部分原因是劳动力要求涨工资，还有一个原因是对企业产品的需求同样处于高位。在经济规划者（包括在美联储制定货币政策的人和在财政部制定财政政策的人）看来，宏观经济政策只不过是在反映通货膨胀和失业的权衡关系曲线上选择一个最佳点。经济规划者的确可以降低失业率，扩大产出，但较低的失业率和较高的产出是以较高的通货膨胀率为代价的。这种权衡关系以伦敦经济学院的澳大利亚经济学家菲利普斯的名字命名，被称为“菲利普斯曲线”。菲利普斯在 1958 年的论文中对名义工资增长和失业之间的关系进行了经济计量估计。这种权衡关系涉及一个痛苦的选择。如果美国的失业率达到较高的 6.5%，就意味着会有 1 000 万人失业，这相当于希腊或瑞典的总人口数。一方面，失业率出现任何形式的下降都可以给人们带来巨大的好处；另一方面，较高的通货膨胀率又会给科拉这样的人带来不利影响。他们发现，在制定财政政策时，很难把通货膨胀考虑进来。

但是，潮流随后发生逆转，现在的经济学家对这种权衡关系的认可度已经降低了。这种情况的确罕见。而导致潮流逆转的一个关键事件，便是 1967 年 11 月 29 日米尔顿 · 弗里德曼在美国经济学会华盛顿年会上发表的主席演讲。

根据 20 世纪 60 年代初的菲利普斯曲线，人们所要求的名义工资的增加幅度只取决于失业水平。但是，弗里德曼改变了这一观念。他坚持认为，那样做是不理性的。他说，工人并不是为名义工资讨价还价。如果那样，他们会受货币幻觉的影响。正相反，他们是为实际工资讨价还价。这意味着，除了在既定的失业水平下，预期通货膨胀率为 0 时，要求增加名义工资之外，人们还会在其中加入对通货膨胀的预期。为什么？因为无论是购买劳动力的雇主，还是出售劳动力的工人，都只关心工资能够买到什么。他们唯一关心的是工资相对于物价的价值。我们来看看这意味着什么。假定失业率为 5%，预期通货膨胀率为 0，在此情形下，工人和雇主为工资上调 2% 进行谈判。那么，在失业率同为5%的情况下，若预期通货膨胀率为2%，工人就会为工资上调4%进行谈判；若预期通货膨胀率为5%，他们则会为工资上调7%进行谈判。由此得出的结论是，预期通货膨胀率将被一对一地加入工资谈判中。

同样的原理也适用于价格上涨，通货膨胀预期也会一一对应于价格上涨。为什么？因为买卖双方都没有货币幻觉。卖者只关心出售产品时的相对价格，而买者只关心他们购买产品时的相对价格。因此，在定价决策中，通货膨胀预期也会被考虑在内。

弗里德曼还指出，如果在工资设定和价格设定中一对一地加入通货膨胀预期，那么失业水平就会比较稳定，而不论是通货膨胀还是通货紧缩，都不会呈螺旋上升之势。假设我们的起点是零通货膨胀预期和低失业率。在此低失业率水平上，由于对劳动力和商品的需求都很大，企业就会设法提高其产品的相对价格。[①] 这意味着，价格的提高必须超过通货膨胀预期。但如此一来，人们随后就将发现实际通货膨胀率高于他们的预期，进而会上调其通货膨胀预期。尽管这种调整包含他们对过去的误判，但不会削弱通货膨胀预期的上升或通货膨胀的上升。只要需求维持在这一高水平上（即只要失业率保持在低位），企业设定的价格就会继续超过预期通货膨胀率，公众也

① 更为准确地说，他们将寻求提高其产品相对于其他企业产品的价格。

会继续上调通货膨胀预期，而且这些螺旋式上升的通货膨胀预期将继续一对一地加入工资谈判和价格设定之中。同理可得，如果失业率高，通货膨胀率将低于预期水平，价格和名义工资增长率就将螺旋式下降。

所以，弗里德曼得出结论，在一定失业水平下，通货膨胀既不会螺旋式上升，也不会螺旋式下降。他将此称为自然失业率。

弗里德曼运用这种巧妙的手法彻底改变了宏观经济学。如果没有货币幻觉，通货膨胀和失业水平之间就不存在可以由货币和财政当局决定的权衡关系。相反，根据弗里德曼的观点，这些决策部门的作用应该是使失业率在自然失业率水平上保持稳定，以避免螺旋式通货膨胀或通货紧缩。而且，由于从长期角度来看，通货膨胀水平和失业水平之间不存在权衡关系，所以为了方便起见，应该让通货膨胀率保持在合理的低位。毕竟，这样做并不会使失业率大幅上升。

所谓的自然失业率理论几乎一夜之间就流行起来。人们很快就接受了它，这既有思想认识方面的原因，也与经济学家们日益认为经济学应该更科学的观点相契合。经济学家所谓的科学是指，理论上假设的行为应该源于最大化原理。经济学家所谓的科学还意味着动物精神没有立足之地；在工资和价格设定中，货币幻觉也不起作用。

事实上，弗里德曼观点的流行还有另一个原因，即提出时机刚刚好。菲利普斯对 1861~1957 年这 97 年间英国的名义工资变动率和失业率数据进行了经济计量分析，他发现名义工资变动率和失业率之间具有负相关关系。当失业率升高时，通货膨胀率下降。他的工资公式没有包含对通货膨胀预期的调整。但是，在20世纪60年代末和70年代的美国，通货膨胀率和失业率都上升了，这似乎与菲利普斯已经发现的权衡关系相矛盾。自然失业率理论针对这一现象给出了一种解释：通货膨胀率上升的原因是，当时发生的严重的石油供给冲击和通货膨胀预期上升导致菲利普斯曲线向外移动，而失业率上升是需求下降的结果。

而且，菲利普斯曲线的新经济计量估值有所扩展，将对通货膨胀预期的调整包含在内，这似乎表明，弗里德曼的理论与数据高度吻合。这些研究没能推翻弗里德曼的推测，即通货膨胀预期对价格设定和工资设定有着一一对应的影响。而且，这些估计也很不精确，因此，它们并不能证实自然失业率可以有力地支持弗里德曼的推断。但是，对菲利普斯曲线的主流处理方式忽略了这一不利的事实。

教科书通常将自然失业率理论看成一个“假设”的故事。这个故事是这样讲的，以往的宏观经济学家推论价格变动和工资变动均与失业相互关联，通货膨胀预期在其中不起作用。[1]弗里德曼觉察到，只有当工资和价格的制定者有货币幻觉时，

---

[1] 在弗里德曼之前，菲利普斯已经论证了加速通货膨胀的菲利普斯曲线。在2006年，他获得了早就该颁给他的诺贝尔经济学奖，主要就是由于这一贡献。

这种理论才适用；也就是说，在工资谈判和价格制定的过程中，该理论并没有将通货膨胀预期考虑在内。弗里德曼对这一传统理论进行了修正，使通货膨胀预期对工资和价格公式产生一一对应的影响。借助该经济理论，弗里德曼巧妙地解释了20世纪60年代末、70年代初通货膨胀率和失业率双双上升之谜。而且，该理论还与大多数经济计量估计相符合。

自然失业率理论已经成为宏观经济政策的基础，美联储、美国财政部和总统经济顾问委员会的绝大多数政策制定者都依赖它。不仅在美国，在欧洲和加拿大，它也被广泛接受。

不存在货币幻觉是支撑自然失业率理论的关键假设，因此，它也是宏观经济学的核心假设。继弗里德曼在美国经济学会华盛顿年会上发表主席演讲4年后，他的劲敌詹姆斯·托宾在美国经济学会主席演讲中宣称："当然，一名经济理论家所犯的最大过错莫过于假设存在货币幻觉。"这一基本假设的重要性可见一斑。托宾没有提到，就在4年前，货币幻觉还是主流观点。货币幻觉是20世纪主要经济学家关于宏观经济学理论的核心，这些经济学家包括凯恩斯、保罗·萨缪尔森、罗伯特·索洛、欧文·费雪、弗朗哥·莫迪利亚尼以及托宾本人。

现代宏观经济学的一个极端假设

我们认为，费雪和凯恩斯的纯粹货币幻觉是一个相当不成熟的观念，需要认真地加以修正。但是，这并不意味着我们应该跳到另一个极端。相反，认为根本不存在货币幻觉的观点也未必正确，那只是其中的一种可能性。我们认为，在几乎毫无证据的基础上，采用自然失业率理论彻底摒弃货币幻觉，也是相当幼稚的。鉴于自然失业率理论在宏观经济学中的核心作用，我们应该对它进行反复验证。然而，令人吃惊的是，对这一理论的正式检验少之又少。

实际上，这也是列车上的告示牌之所以突然引起我们注意的原因。如果我们正视货币幻觉，用正确的方式对其进行思考就会发现，经济中到处都有货币幻觉的迹象。这些迹象表明，尽管弗里德曼的自然失业率假说最贴近现实，但并不是现实本身。

经济学教科书在讨论货币主题时总会提到，货币具有“交换媒介、价值贮藏、记账单位”等职能。货币的前两个职能已经被经济学家分析得十分透彻，它们是经济学家所谓的“货币需求”的核心，货币需求将人们希望持有的货币数量和人们的收入及现行利率联系起来。但人们很少关注货币的记账单位职能。所谓记账单位，是指人们用货币来思考。它意味着合同是以货币来计价的，而且记账是按名义值进行的。包括税收征缴条款在内的许多法律条款也都是用货币来描述的。

在这些情形中，人们总是调整名义数量，以保证货币作为计账单位的职能不会受到影响。在上述每一种情形中，都会有对通货膨胀的自动调整，例如通过指数调整法或生活费用自动调整机制（cost-of-living adjustments，COLAs）。

用经济学家的话来说，货币只不过是一层“面纱”。如果人们能够看透通货膨胀，如果通货膨胀对实际交易没有影响，面纱说倒是不假。这也正是那些坚信不存在货币幻觉的经济学家的观点。当然，这种可能性也是有的。但我们认为，在将名义美元转换成实际美元的过程中，会有所损失，这样的损失就是货币幻觉的结果。

工资合同与货币幻觉

只有极少的劳动合同包含生活费用调整（也包含指数化调整）方面的条款，经济学家常常对此表示惊奇。1976~2000 年加拿大工会合同的大样本中的相关数据，最能说明这个问题。这些合同中只有 19% 与指数化调整挂钩。而且，即使其中含有这样的指数化调整，它也远非一一对应的：通常只有在通货膨胀率已经上升到超过某一设定的目标值时，生活费用调整才会启动；在到达该水平之前，通货膨胀对工资没有任何影响。在大约 1/3 这样的合同中，实际通货膨胀率低于临界值。可以肯定地说，那些提供或接受这类合同的人至少在一定程度上用名义货币而不是用实际值（即经过指数化调整后的货币值）来思考。这种不对称的生活费用调整清楚地表明，货币幻觉是存在的。

当然，单凭劳动合同中不包含指数化调整条款这一点并不能充分证明货币幻觉的存在。正如弗里德曼指出的那样，在拟定合同时，通过一对一地调整通货膨胀预期（不同于生活费用调整，后者是在通货膨胀发生之后才对实际通货膨胀率进行调整），工资和价格的设定可以把通货膨胀考虑在内。但是，在思考这一点时我们发现，如果在拟定合同时生活费用调整协议就不包含在内，等真正发生通货膨胀时，工资和价格就很有可能无法调整。在我们看来，工资谈判的各方放弃机会，不是要求签订一份根据实际通货膨胀率进行充分调整的工资合同，而是要求签署一份根据预期通货膨胀率进行准确调整的工资合同，这似乎完全令人难以置信。大多数工会合同并不包含生活费用调整的内容，即使有也远不够充分。这些事实告诉我们，在工资谈判中，根据通货膨胀预期进行准确调整是极不可能的。

还有进一步的证据表明，在工资和价格设定中，货币幻觉是存在的。拒绝降低货币工资（被经济学家称为“货币工资具有向下的刚性”）是人们的确有货币幻觉的另一个标志。正如挣工资的人拒绝工资下降一样，消费者也不喜欢物价上升。丹尼斯·卡尔顿在研究工业商品的价格刚性时发现，许多工业商品的价格在相当长的时间内（甚至一年以上）保持不变。

债务合同与货币幻觉

不仅大多数工资合同用名义货币来表示，而未经过指数化调整，金融合同通常也采取这种形式。美国或其他国家的政府机构发行的债券（一张债券相当于一份债务合同），在到期前通常按某一固定利率支付利息。虽然通货膨胀在变化，但大多数现有债券的利率并不因此发生变化，许多抵押贷款执行的是固定利率。而且，即便是可调利率抵押贷款（利率随当前利率而调整），也远不能摆脱通货膨胀的影响：就算是不受通货膨胀影响的抵押贷款，本金的价值也会随着通货膨胀率上升而上升。因此，当通货膨胀发生时，按实际值计算，可调利率抵押贷款的持有人偿还贷款的速度会更快。

如果人们没有某种形式的货币幻觉，我们似乎就会再次陷入一个悖论。为什么债券合同和抵押贷款合同不能根据实际发生的通货膨胀进行调整？正如工资合同那样，在签署债券合同时，购买者和出售者根据通货膨胀预期进行调整，这在理论上是说得通的。例如，名义利率可能把通货膨胀预期考虑在内，这将体现在债券发行价和发行后的交易价上。但是，债券价格不能被指数化调整，抵押贷款合同也只是以可调利率的方式进行部分指数化调整，这一问题与我们在讨论工资指数化时提出的问题并无二致。如果这些合同的各方当事人在拟定合同时便回避原本可以根据实际发生的通货膨胀进行调整的指数化，那这些合同又怎么可能根据预期通货膨胀率进行充分调整呢？

这么多合同都是以名义值签署的，这再次说明货币似乎不可能只是一层面纱。

会计与货币幻觉

曾有人说，会计是一种商业语言。管理者使用营业损益账目来评判他们是表现“出色”应当扩张业务，还是表现“糟糕”应当收缩业务。会计是资本决策的基础，这还有另外一个原因：外部人对一个企业财务状况的看法也是以该企业的各种账目为基础的。因此，会计是股票价格的基础，也是放款人决定向企业提供哪种贷款利率，甚至是否放款的基础。会计也是企业大多数税务核算的基础，例如损益账目决定了利润所得税的数目，它们也决定企业何时或是否宣布破产。

既然会计起着如此重要的作用，如果会计账目是以名义值而不是实际值计量的，就可以推断，以会计为基础的决策也建立在名义账目的基础上，因而也以货币幻觉为基础。如果这是事实，那么货币幻觉就一定存在。

由于大部分经济合同以及大多数账目都是以名义值计量的，据此很容易判断这种形式的合同是否会影响实际决策。但事实表明，人们很难察觉到这些迹象。为什么？原因在于决策者的目标是复杂的，相应地，合同的目标也是复杂的。更为重要的是，这些目标通常是无法观察到的。我们可以观察到经济决策的结果，但是，我们需要一个将目标和决策结果联系起来的理论，通过这个理论来了解这些决策背后的动机是什么。

经济学家弗朗哥·莫迪利亚尼和理查德·科恩提出了一个

检验方法。他们借用公司会计中已知的通货膨胀偏差，检验股票价格反映的究竟是根据通货膨胀偏差调整后的利润，还是未经调整的利润。他们发现，股票价格并没有揭示通货膨胀。不存在货币幻觉的假设似乎又一次被推翻了。

货币幻觉确实存在

我们已经看到，现代宏观经济学最主要的假设之一，是人们能够掀开通货膨胀的面纱。这似乎是一个极端的假设。鉴于工资合同、价格决定、债券合同以及会计的性质，这个假设似乎是完全不合情理的。通过指数化调整，这些合同可以轻易地把通货膨胀的面纱抛在一边。但是，在绝大多数情况下，合同的当事人并不选择这条路。这些例子只是货币幻觉确实存在的个别表征而已。我们将看到，若把货币幻觉考虑在内，我们会得到一个能得出完全不同的政策结论的宏观经济学。我们又一次看到，动物精神在经济运行中扮演着重要角色。

第五章

故事：公众行动的参照物

人类的心智构造决定了我们在叙述一系列具有内在逻辑和动态变化的事件时，可以将其看成一个统一的整体。因此，人类之所以产生许多动机，是因为我们经历了一些故事，这些故事给了我们启示并为动机勾勒出蓝本。如果没有这些故事，生活很可能只是“一桩接一桩该死的事情”。[①] 这个理论在解释一个国家、一个企业或一个机构的信心时也同样适用。成为伟大领导人的首要条件就是会编故事。

社会心理学家罗杰·尚克和罗伯特·埃布尔森认为，故事以及讲故事是人类知识的基础。他们认为，人们对于事实要点

① 这句话常常被认为出自美国诗人埃德娜·圣·文森特·米莱的“生活不是一桩接一桩该死的事情，而是同样该死的事情的不断重复”。但她回应说很久以前就有人创作了这句话，因此我们无法确认谁是真正的原创者。

的记忆，是围绕故事来排列的。那些被记住的事实其实是附加在故事中的。其他事实可能会形成短暂的记忆，但它们的影响往往较弱，而且最终会被遗忘。例如，我们每个人对于自己的孩提时代都只有模糊的记忆，年岁稍长的人对自己年轻时的事情也记得不太清晰。但我们的脑海中总会有一个关于那些记忆的故事，这个故事会帮助我们回想起来我们是谁，我们生活的目的是什么。

如尚克和埃布尔森强调的那样，人类的交谈总是以互相提醒的讲故事的方式进行。一个人讲一个故事，就会激发另一个人想起相关的故事，而这个故事又会使第一个人想起另一个故事，如此不断回想提醒，形成很长的反馈序列。我们在讲故事时激起另一个人的反响，会由衷地感到高兴。交谈总是会从一个话题转移到另一个话题，不停地转变。这看似随机无序，实际上却是一种内在的构思，这种构思对人类知识至关重要。交谈不仅是一种易于被人接受的信息交流方式，而且还能强化我们对相关故事的记忆。我们忘掉的往往是那些我们从未向他人复述过的故事。

人类记忆是围绕故事来组织的，这在那些丧失了部分精神敏感度的老人身上体现得最为明显。他们有时候会退化到反复讲述同一个故事，这说明故事有激发人类行为的力量。

人类的思维模式是以故事为基础的，这使我们难以认识到纯粹随机性在生活中的作用，因为纯粹随机的结果没法与故事

融为一体。在《随机漫步的傻瓜》一书中，纳西姆·塔勒布有力地证明了这个观点。他讲述了人们因为忽略某些极不重要的事件而犯下严重错误的故事，并用这些故事证明了上述观点。然而，他的书本身却创造性地把随机性变成了一个故事。

在《爱情就是故事：亲密关系的新理论》一书中，心理学家罗伯特·斯腾伯格认为，在成功的婚姻中，夫妻通常会创造可以分享的故事。他们围绕一系列共同的记忆创造了一个故事，并用这个故事来印证，他们互相关心对方，在乎婚姻内在的价值。斯腾伯格列举了26种不同形式的爱情故事，而从本质上来说，婚姻的成功取决于双方的互相信任，以及如何通过复述故事来加强这种信任。

美国国家地理学会开展的基因地理工程，试图通过分析DNA（脱氧核糖核酸）来揭示人类的迁徙模式，并据此区分世界上的各个民族。这个研究计划遇到了一个难题：DNA证据有可能和那些赋予各民族生活以深刻意义的故事产生矛盾。例如，土著民族总是认为自开天辟地以来他们就居住在某个特定的地方，这个地方对他们来说很重要。因此，测定他们到达当地的时间，让他们知道实际上自己身上混合着多种基因，他们和那些自己毫不关心的民族基因相同，都会给他们带来强烈的幻灭感。北美几乎所有的主要部落都拒绝参与该项目，世界上其他地方的原住民也都强烈抵制。

文艺评论家认为，故事也是有套路的。他们认为，在人类历史上，只有少数能引发共鸣的故事被不断讲述和传诵，仅仅故事的名称和细节有些许变化。1916 年，乔治 · 波尔蒂大胆宣称：基本的戏剧情境只有 36 种。罗纳德 · 托比亚斯在 1993 年写道，其实只有 20 种基本的情节，他将其命名为“探索、冒险、追击、营救、逃脱、复仇、谜团、对抗、迫害、诱惑、变局、转型、成熟、爱情、乱伦、牺牲、发现、贪婪、升华和堕落”。当然，这些作家并没有将人类故事的所有方面统统列入，但他们概括的各种情境已经与现实非常接近。

政治家最会编经济故事

政治家是故事的重要来源之一，他们尤其擅长经济状况方面的故事。他们花费大量时间和公众交流，这样做其实就是讲故事。由于他们和公众的大多数互动都与经济有关，因此他们的故事也多半和经济有关。

斯蒂芬妮 · 芬尼尔对墨西哥经济信心的高涨和低落的分析，就是一个很好的例子。她发现，在过去 50 年里，墨西哥的经济信心在何塞 · 洛佩斯 · 波蒂略任期内（1976~1982 年）达到了顶点。波蒂略把墨西哥塑造成了托比亚斯定义的“迫害”故事的主角：一个弱小的国家成功地战胜了强大、傲慢的对手。波蒂略在 1965 年发表了一部小说——《羽蛇神》（*Quetzalcóatl*）。羽蛇神是阿兹特克人心中的神，人们期待他像耶稣一样在大变革时期复活。该小说在 1975 年波蒂略竞选总统之前再版，变成了关于墨西哥未来伟大成就的故事，而它本身也从古老的阿兹特克传说中获得了新生。总统专机也被命名为“羽蛇神一号”和“羽蛇神二号”。这个故事由于两个意外事件变得更具说服力：一是在墨西哥发现了新的油田，二是 1979 年发生的石油危机导致油价暴涨。

20 世纪 70 年代初，墨西哥已经认识到了石油的重要性，而当时最大的发现来自坎佩切、恰帕斯和塔瓦斯科州，那正好是在波蒂略就任总统之前。由于油井接二连三地被开采，探明的石油储量稳步上升。人们的预期疯涨，甚至有人宣称，墨西哥的探明储量将会超过 2 000 亿桶，将成为仅次于沙特阿拉伯的第二大产油国。此外，由于第二次石油危机，石油价格在 1980 年达到顶峰，高于 10 年前价格水平的两倍。

墨西哥拥有做梦也想不到的巨大财富，这个故事牢牢抓住了人们的想象力。波蒂略从 1976 年发表的国情咨文演讲开始，就不断强调石油的重要性：“在当前时代，世界各国可以分为拥有石油的国家和没有石油的国家。”然后，他开始像一个富国的总统那样行事。就在全世界都在担心高油价有可能继续攀升的时候，波蒂略向国际社会提出了墨西哥的全球能源计划。1980 年，墨西哥和委内瑞拉签署了《圣何塞协议》，同意以优惠价格向中美洲和加勒比海国家出售石油。这种做法相当于对外援助。1979 年，罗马教皇约翰 · 保罗访问了墨西哥，这次访问被广泛解读成墨西哥已经成为重要富国的一个信号。

波蒂略提升了人们对墨西哥的信心，进而推动了经济繁荣。在他任总统的6年时间里，墨西哥的实际GDP增长了55%。遗憾的是，在他任期行将结束时，墨西哥的经济增长开始停滞。1982年，当波蒂略卸任时，墨西哥的通货膨胀率高达100%，失业率也持续升高。腐败和公然的盗窃行为猖獗，达到了前所未闻的水平。

在建设新墨西哥的努力中，波蒂略以尚未开采出来的石油为担保举借了大量外债，这一举措使墨西哥深陷债务泥潭。20世纪80年代中期，石油价格下跌，墨西哥陷入了严重的经济危机。但波蒂略本人度过了故事尚未破灭时的美好时光。在他执政期间，墨西哥经济一派欣欣向荣，留给继任总统的却是经济崩溃后的凄惨景象。波蒂略用来提升士气的种种设想最后都变成了幻象。特别是，墨西哥拥有的石油财富被过分夸大了。事实上，时至今日，墨西哥探明的石油储量依然只有129亿桶，仅占全世界总量的1%。即使到现在，虽然明知这个事实，很多人还是忍不住惊讶于墨西哥的石油储量会如此之少，因为从前的辉煌故事还深深地烙在人们的记忆中。

故事推动整体经济

在经济学家看来，在故事的基础上分析经济是一种不专业

的表现。相反，经济学家应该关注定量事实和理论，而且理论应该建立在最优化的基础上，尤其是经济变量的最优化。概而言之，就是“实事求是”。经济学家谨慎地使用故事，也自有其理由。毕竟，为人们提供喜闻乐见的故事是新闻媒体的事，由此还出现了一种过度解释经济现象的倾向。例如，当股票价格在某个风平浪静的交易日里发生正常幅度的波动时，权威评论员就会轮番上马，用不同的理论来解释股价变动，过度解释的倾向由此可见一斑。因此，经济学家们确实应该谨慎对待这些故事，以及这些故事试图要解释的事实。

不过，如果真的是这些故事推动了市场变化，如果这些过度解释的故事真的有实际影响，如果它们本身就是经济运行的真实部分，情况又会怎样呢？一直以来，经济学家都不曾认真对待故事。然而故事不仅是对现象的解释，而且是现象本身。要真实地解释 20 世纪 70 年代的墨西哥，以及多数经济体的兴衰，人们必须留意那些具有推动作用的故事。

信心随故事波动

一个国家或任何一个大群体的信心，往往紧随故事而上下波动。关于新时代的故事尤其重要，它们试图描述那些推动经济驶入新时代的历史性变化。有关互联网（1994 年普通公众才刚刚接触）发明和应用的故事，就在 20 世纪 90 年代中期到

2000年的股市繁荣中发挥了重要作用，而股市繁荣又导致了整个经济的繁荣，席勒的《非理性繁荣》一书对此有详细的论述。互联网确实是一种重要的新技术，并随着人们在日常生活中的应用而备受注目。人人都在使用互联网，它在我们的桌面上，在我们的指尖上。年轻人借此致富的故事就像19世纪淘金热的现代翻版。而稳定的技术进步，包括材料科学、化学、机械工程、农业科学等领域的进步，虽然在数世纪以来的经济增长中发挥了主导作用，却从未引起过公众的兴趣。这些故事并不流行，《人物》杂志对此几乎没有任何统计数字。但是有了互联网以后，整个经济就被互联网故事牵着走了。

信心并不仅仅是一个人自身的情绪状态，它也是一个人对他人信心的一种判断，以及他人对他人信心的洞察。它同时还是一种世界观（对时事动态的一种看法），是大众对新闻媒体和公共讨论所传播的经济转变机制的理解。信心的高涨往往由鼓舞人心的故事所致，这些故事总是和开发新业务、某人如何神奇致富这类传说有关。新时代故事则总是伴随着全球股票市场的大繁荣。①如果不详细地了解那些故事，就很难理解过去的经济信心从何而来。随着岁月的流逝，我们会逐渐忘却过去的故事，这也正是我们对过去的股票市场和宏观经济波动总感

① 席勒发现近数十年来全世界各国的股票价格经历了最大幅度的上涨，并对各国媒体进行了搜索，找出了各国媒体解释此种现象的故事。他发现，记者们在讲故事论证为什么某个国家的新经济曙光即将到来时特别富有创造力。不过尽管这些故事讲得绘声绘色，股票市场的上升势头最终还是逆转了。

到迷惑不解的原因所在。

各个时期各不相同的新时代故事相当复杂，这说明经济信心的差异不仅影响了消费和投资，还会深刻影响整个经济。这些故事的变化会影响人们对个人事业成功、企业创业成功以及人力资本投资回报的预期。

故事就像“传染病”

我们可以借鉴传染病的传染方式为故事的传播创建模型。故事就像病毒，它们口口相传，具有一定的传染性。流行病学家开发了一种研究流行病的数学模型，我们也可以用它来研究故事和信心的传播。这些模型的关键变量是传染率（衡量一种疾病从一个人传播到另一个人的能力）以及免疫率（衡量人们摆脱传染病的速度）。关键的初始条件是患有传染病的人数，以及易感染这种疾病的人数。掌握这些情况以后，传染病的数学模型就能够预测疾病传染的全过程。不过，这种模型还是有一些不确定性，因为在这一过程中有些变量（如病毒的突变等）有可能改变传染率。

正如疾病通过传染来传播一样，信心或丧失信心也可以这样传播。其实，信心或丧失信心的传染力丝毫不亚于任何一种疾病。信心或者悲观情绪如果神奇地四处蔓延，很可能只是因为某种思维模式的传染率发生了改变。

现在转到本书的第二部分，我们将探讨8个问题，它们都是理解经济的稳定性和功能的核心问题。这些问题都有一些传统答案，一些墨守成规的答案，但我们认为，这些答案在很多方面都是错的。传统答案之所以产生就是为了解释人们的疑问，但它们都有误导性，因为它们并没有认识到驱动经济发展的各种基本力量，而这些力量中有很多都以这样或那样的方式与动物精神相关。在回答这些问题的过程中，我们发展了一个关于经济不稳定性、经济问题以及应对策略的理论，同时也为如何摆脱经济与金融危机开出了我们的药方。

ANIMAL
SPIRITS

第二部分

最重要的八大经济问题

第六章

为什么经济会陷入萧条？

在接下来的章节，我们会探讨 8 个关键问题，排在首位的就是萧条。萧条是经济衰退的极端形式，研究萧条能够使我们更加清晰地揭示经济下滑的根源。写作本书时恰逢 2008 年金融危机，经济下滑的原因尤其值得关注。

本章将考察美国历史上最严重的两次萧条：一次是 19 世纪 90 年代的萧条，另一次是 20 世纪 30 年代的大萧条。通过对这两次萧条的分析，我们将说明动物精神如何导致萧条。

19 世纪 90 年代的萧条

动物精神理论的所有元素对理解 19 世纪 90 年代的萧条都非常重要：经济失败的故事以及萧条发生之前若干年内腐败加

剧的故事，导致信心破灭；人们空前强烈地感觉到经济政策的不公平；货币幻觉使人们未能准确地认识消费品价格下降造成的后果。因此，第一部分中的每一章都能够帮助我们理解这次经济萧条。

萧条发生之前，美国股票市场空前繁荣。实际标准普尔指数在 1890 年 12 月到 1892 年 5 月的短短 17 个月内上涨了 36%，此后到 1893 年 7 月的 14 个月里又下跌了 27%。在股市达到顶峰前的疯狂日子里，人们失去了理性，完全看不到一场经济灾难即将来临。

19 世纪 90 年代萧条的前几年，批发价格大幅下跌。Warren-Pearson 批发物价指数从 1893 年 2 月到 1894 年 12 月下降了 18%。在此后的萧条岁月里，物价基本保持稳定。一发现物价下跌，雇主们就告诉工人，必须削减工资。尽管劳资双方在削减工资的问题上剑拔弩张，但实际上削减工资的案例还是层出不穷。然而，一些工人强烈反对雇主削减工资，这是他们具有货币幻觉的力证，他们感到保持原来的货币工资才是公平的。例如，1894 年某报纸的专栏有这样的报道："桑福德纺纱厂的工人们在星期一早上得知，他们必须在减少工资和工厂关门之间做出选择。结果是，他们宁愿失业也不愿意拿着削减后的工资继续工作。"这些愤怒的工人主动选择了失业，而不是名义工资的减少。他们总是拿自己的工资和那些未削减工资的企业的工人工资做比较，然后得出公平与否的判断。按照斯坦利·勒伯格特统计的标准历史数据，1893 年美国的失业率上升至 11.7%，在 1894 年达到了 18.4% 的顶峰，直到 1899 年才下降到 10% 以下。按照克里斯蒂娜·罗默修正后的数据，美国的失业率在 1894 年上升到了 12.3%，1897 年到达最高的 12.4%，1899 年才降低到 10% 以下。无论用哪种方法来衡量，那都是一次严重而漫长的萧条。虽然当时其他一些国家的经济也呈疲软之势，但 19 世纪 90 年代的萧条主要是美国的萧条。因此，从美国的视角来分析这次萧条仍然是合理的。

对美国而言，此次萧条的导火线显然是 1893 年的金融恐慌。信心突然崩溃，并以银行挤兑的形式爆发出来：人们成群结队地前往银行提取他们的存款，而银行并没有足够的现金储备支付给储户。银行被迫到处张罗现金，向企业索还贷款，短期利率因此飙升，大量企业破产。[①] 当时美国还没有中央银行，因此也就无人担负最后放款人的重任。

银行挤兑为什么会发生呢？解释挤兑行为的发生并非易事。历史书把此次银行恐慌归因于1890年通过的《购银法案》，该法律打算逐步推广政府发行的纸币，而支撑纸币的是白银和黄金。因为美国政府允许以黄金或白银赎回法定纸币，所以人们都理性地选择了黄金，政府的黄金储备就不断减少。但是，

---

① 1893 年，短期利率达到了 1873 年恐慌以来前所未有的高度。造成破产的不仅仅是高利率，还因为“无论利率高低都不可能借到钱”。信贷短缺导致“许多企业的希望破灭了”。

这是政府为支撑其法定纸币所做的储备而非银行储备，后者是用来支撑存款和银行票据的。当时《纽约时报》的一位写手，后来成为金融编辑的艾尔弗雷德·诺伊斯发现：

> 恐慌本质上就是非理性的表现，所以，尽管1893年的金融恐慌是由于担心法定货币贬值，但惊慌失措的银行储户们的第一个反应就是从银行里取走所有的法定货币。然而真实的动机并不是对货币的不同形式（法定货币还是票据）心存疑问。经验告诉储户，在信用普遍崩溃的情况下，银行可能会首先受到冲击。在1873年和1884年的银行倒闭潮中，有很多储户失去了存款。因此，当1893年出现同样的金融环境时，本能引导他们，毫不迟疑地从银行取出所有的钱，而且法定货币也是他们习惯使用的唯一的货币形式。不过，当内地银行的储户们需要现金，而这些银行能够快速动用的现金储备又只及存款的6%时，应对提现需要的大量现金储备就只好仰仗东部的“储备代理商”了。

诺伊斯提到“本能”推动了恐慌，这一点非常重要。美国政府并没有任何合乎逻辑的理由预见到《购银法案》会引发银行恐慌，而且恐慌本来也没有什么合乎逻辑的原因。只不过，由于政府黄金储备的减少，有些人觉得事情看起来不大对头，他们的信心也因此下降。随着人们越来越多地谈论起1873年和 1884 年的恐慌故事，整个社会对这些故事的记忆被逐渐激活，事情看起来不对头的感觉也就日益增强。对于这些故事，当时几乎每个人都可以信手拈来讲一通，而到了 1893 年，这些故事突然汇聚成公共意象。由于担心过去的银行恐慌故事会重演，人们在银行门前排起了长龙，对银行的恐慌随即爆发，成了一种社会流行病。

银行挤兑引发混乱，这正是经济萧条最直接的先兆。一些学者，特别是 1897 年的当代观察家威廉 · 杰特 · 劳克，以及米尔顿 · 弗里德曼和安娜 · 施瓦茨在 1963 年出版的《美国货币史》中，都把银行恐慌视为全面萧条的诱因。

不过，除了 1893 年的银行恐慌被公认为是萧条的重要诱因之外，对于萧条如此严重并持续如此长时间的原因，人们至今还未形成一致的看法。道格拉斯 · 斯蒂普利斯和戴维 · 惠滕指出，经济观察家们对萧条的看法存在极大分歧。例如，哈罗德 · 安德伍德 · 福克纳认为，19 世纪 90 年代的萧条是一次农业萧条；弗雷德里克 · 杰克逊 · 特纳认为，它是发挥安全阀作用的西部地区未开发的土地消耗殆尽的结果；熊彼特则认为，那次萧条是美国铁路网建设基本完成，经济中的投资机会不复存在的结果。斯蒂普利斯和惠滕并没有澄清这些因素究竟是否引发了萧条，而是强调了当时支持平民利益的一派和商业利益集团间的阶级斗争。这样的斗争在 1896 年的总统大选中达到高潮，当时正好处于危机的中期，总统大选变成了关于通货膨胀是否有害的大论战。民主党候选人威廉·詹宁斯·布赖恩鼓吹自由铸造银币，这一举措虽然可能引起通货膨胀，但是符合农民和其他大债务人的利益。共和党候选人威廉·麦金利则从商业阶层的利益出发，主张实行严格的金本位制。两位候选人争论的完全是美国各阶级的财富如何来一次大规模再分配的问题。

货币幻觉在当时的思潮转变中也发挥了重要作用。布赖恩差点就能赢得选举，因为他主张扩大货币供应，虽然会引起通货膨胀，但可以使每个人都受益——似乎可以在不损害债权人利益的前提下向债务人提供援助。而反对布赖恩，指责他欺世盗名的巨大声浪，也使经济学家第一次认识到货币幻觉现象。1895 年正值萧条中期，哥伦比亚大学的经济学家约翰·贝茨·克拉克撰写了一篇文章，首次提出了“实际利率”。所谓的实际利率，其实就是经过通货膨胀调整后的利率，这个词是现在经济学家们的日常用语，也是自那以后的经济理论的基石。克拉克有些急于澄清当时人们对通货膨胀的混乱认识，但他没有考虑当时建立在这种混乱认识基础上的关于金银复本位制的整个争论。自克拉克的文章发表以来，经济理论界从未如此统一过。尽管现在多数人已经不记得 19 世纪 90 年代的萧条，但是它彻底改变了我们对通货膨胀的思考方式。

围绕金银复本位制展开的激烈争论，不仅发生在大选期间，而且整整持续了 10 年。按照斯蒂普利斯和惠滕的说法，那是“一种无所不在的危机感，是对人类至善至美信念深感怀疑的失望情绪”。这种刻骨铭心的危机感，来自无原则的私欲、腐化堕落以及建立在欺骗之上的不公平政治。

经济萧条一开始，报纸报道的腐败事例大量增加。1894 年正是危机最为严重的一年，1985 年 1 月 1 日《芝加哥每日论坛报》的一篇文章报道了 1894 年的一起盗用公款案，那是自 1878 年以来涉案金额最大的一起案件：

> 为了理解这个案件，我们应当记住，一般的盗用公款案都是在最后一刻才被发现的。然而，它却是一个逐步走向终点的渐进过程，如同把河坝上的泥土一点点掏空。一开始，盗用公款者只是从公款中拿走一小点儿，因为他对拿公款不还的想法还是感到惴惴不安。他冒险把这点儿钱投入类似赌博那样的投机活动，或者干脆直接去赌博，结果亏损了。他想要赢回亏损的部分，于是再挪用一点儿公款，不幸的是，损失再次发生，这样周而复始，越陷越深。最后，他不顾后果地胡乱挥霍，这是盗用公款的一个必然结果。即使这样，他仍然抱着侥幸心理，但最终他只有两个选择：要么归还盗用的公款，要么真相败露。然而，要想归还盗用的公款就必须接着盗用，而一旦接着盗用的公款又损失掉，真相就会败露。1894 年的商业环境正是以前的投机活动滋生上述后果的温床。

正如社会历史学家卡尔·德格勒记载的，美国19世纪90年代的社会氛围造成了工人和管理层之间异常严重的冲突。工会虽然还没有成功崛起，但其重要性已开始凸显，罢工的次数空前增加，这些都可以证明劳资冲突的严重程度。1892年，卡内基钢铁公司在宾夕法尼亚州霍姆斯特德工厂的劳资纠纷，引发了罢工工人和厂方雇来的300名平克顿警卫之间长达12小时的冲突，造成9名罢工工人和7名平克顿警卫死亡。劳工骚乱的局势越来越严重，并在1894年达到高潮，那年有50万工人参加了1 400次罢工，创下了19世纪的最高纪录。1894年，芝加哥附近的普尔曼豪华客车公司爆发了罢工，罢工工人和前来镇压罢工的军警发生冲突，致使20人死亡，2 000辆铁路客车被毁。

不公平感、贪欲、私欲以及对未来的不确定感，至今仍屡见不鲜。弗兰克·鲍姆于1900年创作的儿童小说《绿野仙踪》就反映了当时的这些感受。黄色砖路和桃乐丝有魔力的银舞鞋（在1939的同名电影中，为了在彩色银幕上更好地体现戏剧效果，银色的鞋子被换成了红色），就是影射时人围绕金本位制和拟议中的自由铸造银币展开的激烈争论；小矮人们代表了贫困的劳工阶级；邪恶的巫婆则站在自私的商业阶层一边；巫师本人则是高明的骗子，即美国总统。所有这些仍然留在我们心中的形象，都象征性地证明了动物精神理论中某些元素的重要性。

非理性繁荣催生大萧条

19 世纪 90 年代的萧条发生以后，有很多与此相关的讨论，人们后来也采取了许多补救措施，试图防止类似的事情再次发生。其中最为突出的就是，美国国会在 1913 年通过立法创立了联邦储备体系，以防止引发萧条的银行挤兑再次上演。该法律被誉为“具有防火作用的信用制度”，“能防止经济陷入萧条”。伍德罗·威尔逊总统在 1913 年 12 月 14 日签署了《联邦储备法》，他对该法稳定经济的能力过于乐观，甚至称之为“和平宪法”。

实际上，新体系并没有像人们期待的那样发挥作用。第一件不对头的事情是出现了一次巨大的经济繁荣，美联储显然既未能弄清楚其根源，也没有试图尽力调控。中央银行的银行家们并不是没有认识到，该调控本应是自己的职责。1928 年，美联储主席罗伊·扬在对美国银行家协会的一次演讲中讲道，中央银行的银行家们应当“致力于促成经济的繁荣，更要努力创造机制，防止经济的某些部分出现过热和可能的爆炸”，以及关注“信贷额度的超常增长”。然而，当时的股票市场正处于空前繁荣的时期，流向股票市场的差额信贷以史无前例的规模增长，美联储未能有效控制住这一势头；在 1928 年上半年，它也没有采取必要的措施来抑制股票市场的上涨，而到那时为止，股票市场已经上涨了 6 年多。

中央银行的银行家们没能充分认识到经济过热的严重性，部分归因于19世纪90年代萧条之前，类似的经济过热并不明显。现在他们确实充分意识到了经济过热的危险，但是并没有采取应对措施，可见还有其他方面的原因。

商人和经济学家总是难以理解“经济过热”的概念，因为“经济过热”本质上依赖于动物精神，而动物精神这个概念并不总是对他们的胃口。大众媒体广泛使用“经济过热”一词，而且这个词有丰富的含义。[①]然而专业的经济学家很少使用它，他们提到这个词的时候，往往是用来表示对大众经济学的蔑视。[②]偶尔，他们会把通货膨胀的经济说成是过热的。“经济过热”这个词，如同我们应该给它的定义一样，是指这样一种状态，即信心超常之高，越来越多的人不再怀疑经济前景，而是开始相信新一轮经济繁荣即将到来。此时，消费者们大手大脚地消费成为一种常态，各种糟糕的投资层出不穷，投资者一心想将投资转手倒卖给别人，对于实际投资是否合理稳健，他们并不确定。由于部分公众的信任和政府监管机构的放任，腐败和欺诈横行，直到狂欢结束，公众才发现真相。那还是一个人人都感受到高消费社会压力的时代，因为每个人看到别人这么做，自己也不想被看成落伍者；他们不担心这种过高消费支出

① 在LexisNexis数据库的“普通新闻、主要论文”类别中搜索“经济过热”，有1 987个结果。

② 搜索国民经济研究局的所有专业论文（1万多份），根本没有一篇使用“经济过热”这个词。

的后果，因为他们觉得别人都不担心。

多数经济学家对于这种观点都会感到不安。我们认为，这样的事情真的会发生，主要基于我们在第一部分里总结的心理研究，同时还有关于经济波动本质的直接证据。

如果我们请学院派经济学家来定义“过热”一词，他们大部分会说“过热”描述了这样一个时期，即按消费者价格指数来衡量的通货膨胀率不断升高的时期。“过热”也许有这层含义，但一般来说其含义要丰富得多。

通货膨胀本身，尤其是当它不断上涨时，最终会给经济环境造成负面影响，类似于破碎的窗户和随处可见的涂鸦给城市造成的影响。所有这些都会造成社会的退步，使人们的合理秩序感彻底崩溃。不过，通货膨胀并非经济过热的同义词。实际上，在 20 世纪 20 年代，尽管股票市场显著膨胀并且房地产泡沫泛起，消费者价格指数却并未明显上升。

20 世纪 20 年代，是“兴旺的 20 年代”，是和平繁荣的时期，是紧张刺激、社会充满活力和经济强劲增长的时期。全球股票价格暴涨，并在 1929 年全球股票市场最终崩溃前达到了顶峰。从那以后，世界就陷入了 20 世纪 30 年代的大萧条。为了理解这些事件，我们必须求助于动物精神理论及其关键元素。

为什么股票市场会如此繁荣？为什么它一定会发生？仅说 20 世纪 20 年代是公司盈利迅速增长的时期还不够，因为盈利的迅速增长从某种重要的意义上来说是繁荣的后果，正是繁荣刺激了消费和经济，从而促进了盈利的增加。

《非理性繁荣》一书指出，初始的股票价格上涨激发了人们思想的感染力，这足以将鼓舞人心的新时代故事放大。投资者的激情本身就宣传了这些故事。

这也正是20世纪20年代发生的故事。虽然本来完全是“市场造就了成功”，但人们还是确信他们的成功背后少不了投资天赋。才华横溢的投资者传奇被广为接受。塞缪尔·英萨尔是当时的传奇式投资者。他的记账员后来回忆说：“银行家们称呼我们的方式，就像杂货店老板叫他的主顾，并且努力把他们的钱塞给我们。‘麦肯罗太太，我们今天有些不错的生菜。’‘英萨尔先生，我们还有点挺好的新鲜绿钞，你能不能想办法把1 000万美元花掉？’”英萨尔通过高度杠杆化的投资获得了表面上的成功，但在大萧条时期，这些投资都崩溃了，最终把他自己也赔了进去。

埃德加·劳伦斯·史密斯1925年出版的《用普通股进行长期投资》宣传了这样一个故事：从长期来看，股票通常会有丰厚回报，并且它是高明而有远见的投资者相互保守的一个秘密。人们开始觉得自己就是这种长期投资者，但事实上，他们对股票的热爱只有在股市不断上涨时才会持续。艾尔弗雷德·诺伊斯描写了当时的情况：

> 1929年的投机狂热看起来既没有地域上的边界，也没

> 有社会等级的差别。那时，即使在社交谈话中表现出对投机的不赞成或稍加怀疑，都会引起如同政治和宗教争端可能带来的怨仇……在《时代》周刊上撰文指出对我来说已经颇为明显的危险信号，无论从哪个方面说都不是件令人愉快的差事。发表这样的意见必然会招来攻击，有人会说这个作者妄图抹黑或终止美国的繁荣。

当市场终于在 1929 年彻底崩溃以后，故事也完全变了个样。全世界主要国家的经济都陷入了萧条，故事的基调也转向了不公平、腐败和欺诈。

大萧条的前因后果

和 19 世纪 90 年代美国的萧条不同，20 世纪 30 年代的大萧条席卷了大西洋两岸。美国的失业率在 1930 年 11 月上升到 10% 以上，1933 年 5 月达到了最高的 25.6%。英国的失业率在 1929 年股票市场崩溃的当月就超过了 10%，并于 1931 年 1 月达到了最高的 26.6%，直到 1937 年 4 月才又降到 10% 以下。德国的失业率在 1929 年 10 月超过了 10%，在 1930 年 12 月达到了最高的 33.7%，直到 1935 年 6 月才又降到 10% 以下。大萧条的影响还越过北美和欧洲，波及世界其他国家和地区，例如，澳大利亚的失业率在 1928 年 12 月就超过了 10%，并在

1931年9月达到最高点28.3%，直到1937年1月才降到10%以下。

为什么大萧条会发生？和19世纪90年代的萧条一样，20世纪30年代的大萧条也伴有金融上的诱因：1929年全球股票市场崩溃，尤其是1929年10月28日至29日的暴跌，以及相关的银行危机。不过，我们再次面临这样的问题：仅从金融诱因的角度来看，很难理解当时经济下滑的重大现实意义。

从巴里·艾肯格林和杰弗里·萨克斯的研究中我们已经清楚地看到，由于金本位制的失败，20世纪30年代的大萧条从一个国家传向另一个国家。由于全世界范围内的人们对货币均丧失了信心，中央银行保卫金本位制的手段就只剩下大幅提高利率，从而压制了本国的经济发展。艾肯格林和萨克斯发现，那些坚持金本位制时间较长的国家，遭受的痛苦也较大。而较早采取货币贬值的国家经济复苏也较早，其原因不仅在于较低的利率，还由于较低的国际价格带来的竞争优势。有很多国家（最突出的当属法国）努力维持货币不贬值，并做出了一些无谓的努力试图捍卫大势已去的金本位制。中央银行的这些做法使经济由最初的股票市场崩溃逐渐陷入长期萧条。

但我们不能把大萧条完全归咎于这些技术原因，动物精神也在其中发挥了重要影响。让我们考虑一下公平问题。和19世纪90年代一样，20世纪30年代的大萧条引发了强烈的劳资关系不公平感，并导致世界范围的劳资斗争此起彼伏。共产主义进入全盛期，因为全世界的知识分子都把它视为解决劳工阶级受剥削地位和宏观经济失败的药方。人们对商业机构的不稳定感逐渐增强，甚至担心社会契约会毫无征兆地被更改。

大萧条最初几年的显著特征是通货紧缩。美国的消费者价格指数从股票市场崩溃开始的 1929 年 10 月，到触底的 1933 年 3 月，下降了 27%（在大萧条的其余时间里，消费者价格指数通常缓慢上涨）。20 世纪 30 年代初的通货紧缩意味着企业的利润受到了挤压：企业出售商品的收入大大减少，如果不削减工资，它们还必须按照和以前一样的数目支付工资。换句话说，如果名义工资不能降低，实际工资就会上升，可能会超出大多数雇主的支付能力，因此就会引起大规模的失业。

经济学家安东尼·奥布赖恩发现，在大萧条的头两年里，名义工资几乎没有变化。他提供的数据表明，1931 年 1 月，制造业的名义工资只下降了 2%，而消费品价格则下降了 8.1%；1931 年 8 月，制造业的工资总共才下降了 3.5%，而消费品价格则下降了 12.7%。1932~1933 年危机更加严峻，工资大幅下降的事例也有所增加，尽管如此，由于 30 年代的实际工资持续上升，到 30 年代结束时，实际工资超过趋势性工资增长达 20%。这样的实际工资上涨似乎无法和大萧条期间的大规模失业联系在一起。

很多人明确地阐述过削减工资的必要性。例如，1932 年 2 月 18 日，在康涅狄格州哈特福德市一所公立学校举行的一场有

150 名选举人参加的集会上，一名与会者就问道：“如果食品和衣服的价格都下降了 28%，那么政府雇员的收入减少 25% 会造成什么损害呢？”显然，这是一个正确的观点，但同样明显的是，如果整个城市用提高税收手段来支付较高的实际工资，就等于把从纳税人手里获得的财富重新分配给政府雇员。

当然，公众从未完全接受过降低名义工资的观点。由于货币幻觉，被削减了名义工资（如果不是实际工资）的人们会感觉受到伤害，因此公众就会寻找理由抵制这样的削减。工会领导并不承认，实际工资而非名义工资才是问题所在，因为承认这样的事实并不符合他们自己的利益。“较高的名义工资才是通往富裕之路”这一观点，已经在 20 世纪 20 年代成了普遍的共识，而现在人们认为这一观点更加重要了。美国劳工联合会发表的一份声明称：“我们现在的目标是提高工资，而不是降低工资。只有这样，我们才能提升购买力，并保持经济持续增长。”

提高实际工资以提升购买力的基本原理曾经被广泛应用。赫伯特·胡佛总统就信奉这个理论，一些产业领袖也将之奉若圭臬。一旦通货紧缩结束，要求降低名义工资的观点就会失去说服力，争取公众支持提高工资的愿望便重占上风。这些情感因素导致的政治氛围催生了 1935 年的《国家劳资关系法案》(也称作《瓦格纳法》)。

美国政府为应对公众对公平的看法还采取了其他措施，但这同样也延长了大萧条。秉承价格下降导致经济问题的观点，

罗斯福政府在 1933 年成功地颁布了《国家产业复兴法》。该法创造了“公平竞争规则”，在以失业人员为代价的前提下，所产生的影响就是提高了产品价格和在职人员的工资。经济史学家哈罗德 · 科尔和李 · 奥哈尼恩认为，罗斯福政府的政策成功地将垄断势力串联并保护了起来，这使美国的大萧条进一步加深。按照两人的观点，甚至在美国最高法院于1935年驳回《国家产业复兴法》的竞争规则后，只要企业默许了工会的加薪要求，政府依然继续卖力地去支持“公平竞争规则”，将针对这些企业的反垄断行动搁置。

但是，正如凯恩斯后来在《通论》中指出的那样，这些措施背后的理论存在根本性的缺陷。经济政策注重名义工资是因为大众的头脑被货币幻觉所占据，根深蒂固的货币幻觉使好的经济政策完全进入不了公众的视野。

政策没有瞄准真正的问题：在大萧条期间，信心严重崩溃，以至于银行大规模惜贷；即使利率几乎为零，企业也不愿意进行新的投资。在这种情况下，旨在提高或降低名义工资的任何政策都不能解决根本问题。信心的普遍丧失是需求下降进而就业下降的主要原因。对资本主义的未来忧心忡忡也是信心丧失的部分表现，这使大萧条延续了更长时间。经济史学家罗伯特 · 希格斯总结说，美国“很多危险的新政措施，尤其是 1935 年之前的那些措施加在一起，使商人和投资者们有足够的理由担心，与传统市场经济或者经济迅猛发展时期相似的很多东西可能都无法幸存，也无法完全排除某些形式的集体专制主义”。这些担心使商业投资下降到了极低的水平，并使企业的扩张计划陷于停滞。

民意调查证实了商人们的担心，而且这种担心一直持续到20世纪40年代。1941年11月，就在美国参加第二次世界大战前夕，《财富》杂志对企业高管们进行调查时问了这样一个问题：“下面哪一项最接近你对战后我国会出现的经济类型的预测？”选项如下（括号中是选择它的百分比）：“1. 很大程度上沿着战前的路线恢复自由企业制度，视当时情况进行一定调整（7.2%）；2. 政府接管很多以前由私人管理的公共服务业，但仍给私人企业留下很多机会（52.4%）；3. 一种半社会主义社会，几乎没有自由竞争的空间（36.7%）；4. 法西斯式或共产主义式的计划经济（3.7%）。”超过90%的企业高管预测美国将对当时的经济体制进行某种激进的改革，这降低了他们对投资回报的预期。这确实也是他们在大萧条期间投资如此之少的一个可能的原因。

不过，大萧条的影响范围这么广、持续时间这么长，其原因似乎不仅仅是政府管制和政府采取的行动，以及由此导致的商业界的信心缺乏。在整个20世纪30年代，更加严重的经济疲软逐步显现。当时很多观察家都注意到了这种疲软状况，但经济学家总是忽略他们的观察结果。当时，这些经济学家还没有能力评估市场心理（即使在今天，我们也无法对此做出科学

的评估），因此他们更愿意关注他们所能衡量的事物。

1931年，在伦敦出版的《时代》周刊（欧洲版）上刊出了一篇署名为“卡利斯提尼”[①]的社论，题为“信心的责任”。该文呼吁市民们拿出道德感和爱国情操，努力抵抗他们在思想和行动上的软弱：

> 信心崩溃是一种极为严重的民族弱点。要不是“危险”或“灾难”这些词汇经常被夸张或不真实地使用而落入俗套，我们会用这些词来描述信心崩溃。信心缺乏给一个国家带来的损失，其严重程度怎么说都不为过。失业人数每周都在增加，信心的缺乏阻碍了创办和发展那些本可以提供就业机会的企业。我国失去了更多的国外市场，原因是我们的制造商没有足够的信心来进行大规模的生产，而这又是保住国外市场所必需的。信心，信心，更充足的信心，对于提振经济必不可少，而企业机构又是带领我们走出绝境的关键——公众的信心能够渗透到经济领域，还能推动这些企业机构重拾信心。显而易见，信心现在已不再单纯是对良好服务的随意奖赏，它已经成为每个公民迫切需要承担的责任。

我们无从衡量这篇执意召唤信心的爱国檄文在多大程度上改

---

① 卡利斯提尼，希腊哲学家，记录了亚历山大大帝东征这一历史事件。——译者注

善了萧条状况，但我们知道，当英国的经济开始复苏时，状况的好转的确应归功于信心方面的努力。德高望重的商人兼官员洛德·梅斯顿说："我们摆脱萧条的真正秘诀在于，企业界的人们下决心专注于他们自己的事务，并努力做到最好。这保证了贸易和商业活动的诚实和清白，也支撑了英国的信用和声誉。"

美国的复苏过程就缓慢一些。通用汽车董事长艾尔弗雷德·斯隆在1938年的评论中指出，美国经济乏力依然非常明显：

> 为什么会发生萧条？只是因为人们担心美国的未来，以及将来引导美国发展的那些规则。换句话说，我们的困难是政治经济方面的，而不单纯是经济方面的。我认为，补救办法只有一个。要想让美国企业能够满怀信心地前进，我们就必须以确凿的事实和对目标及手段的充分理解来重振人们的信心。万灵药式的政策只会加剧现在信心缺乏的局面。

杜邦公司总裁拉蒙特·杜邦也持有类似观点，《华盛顿邮报》记者安娜·扬曼将其归纳如下：

> 杜邦先生日前指出，未来税收负担、劳动力成本、政府支出政策、对产业的法律限制等还不确定，而所有这些因素都会影响对利润和损失的估算。正是由于这种不确定性，而非对政府政策根深蒂固的对抗，产业才陷入短暂瘫

痪。也正是这个原因，人们担心产业的恢复力能否像从前一样引领产业走出萧条，迈向复苏。

大萧条期间信心的跌落是如此严重，以至于持续了长达 10 年。直到第二次世界大战，信心以及经济本身才开始恢复。信心完全改变了经济形势，也改变了人们生活方面的主要故事。

萧条源于人类的本性

我们已经看到，美国历史上两次最严重的萧条，基本特征都是人们对经济的信心发生了根本性的变化，追逐利润的意愿超越了某种极限，转而危害社会，人们的货币幻觉以及经济公平感发生了变化。萧条和这些难以量化的变量息息相关。

这两个时期似乎已远离我们的历史陈迹。我们也许会认为，我们的经济制度已经有了很大的改进，足以防止类似事情再次发生。前两次危机都和银行挤兑有关，而挤兑似乎已经成为过去了，因为我们在 20 世纪 30 年代已经建立了全面的存款保险制度。19 世纪 90 年代的那次萧条发生在美国的中央银行——美联储建立之前；而从第二次萧条，即 20 世纪 30 年代的大萧条以来，关于中央银行的理论也得到了长足发展。

另一方面，次贷危机也许可以直接追溯到现代存款保险制度的一个缺陷上。从 20 世纪 90 年代初开始，美国逐渐发展起来一个缺乏存款保险保护的“影子”银行业，它们以次级贷款人的形式，通过短期商业票据来为其贷款活动融资。另外，当一家接一家的金融机构倒闭时，美联储就像它在 2007 年年初所做的一样，没有尽责地防止这种极其类似银行挤兑的行为的发生。因此，美联储不得不进行了一番彻底改造，引入新的贷款机构，大大超越了原本作为储蓄机构的职权范围。金融体系不断增加的复杂性，使存款保险机构和中央银行等经济机构很难走在金融创新的前列。

现在，各国中央银行都在担心通货紧缩，尽管不愿意，但它们未必能够完全防止通货紧缩的发生。我们都见识过日本从 20 世纪 90 年代末一直持续到 21 世纪初的通货紧缩。[①] 如果今天再次发生通货紧缩，面对削减名义工资，我们会比 20 世纪 30 年代的人们更明智吗？这还真是难说。在情绪高涨的时候，人们很容易忽略那些一目了然的经济事实。

过去发生的很多事情都根源于人类的本性，而这些本性历来都有强大的力量。人们还是那么在意公平，还是抵制不住腐败的诱惑，当别人的恶行被揭发出来后还是会憎恨，对通货膨胀也还是感到困惑，他们的思想还是受空洞的故事而非经济理性的支配。和我们上面讲过的前两次萧条一样的事件仍有可能重演。

---

① 日本 1990 年的消费者价格指数为 111.4，1998 年为 122.2，其实真正的通货紧缩只发生在 1994~1995 年。1998~2005 年，日本再次经历通货紧缩，但较为温和。2006~2007 年几乎没有通货膨胀。

第七章

为什么中央银行有控制经济的权力?

现在我们来到本书的核心章节（至少对像美国这样面临严重危机的经济体来说确实如此）。我们这一章的问题是：为什么中央银行有控制经济的权力？当然，我们还会加上一个限定“正如迄今为止它们所做的那样”，因为有些时候常规政策收效甚微。不幸的是，这往往是我们最需要中央银行控制经济的时候，也就是说我们的经济陷入严重衰退的时候。

至此，我们的分析一直强调人性的主要弱点，引起经济紧缩的这些弱点包括脆弱的信心、固执倾向、对不公平以及腐败的憎恨。但我们总是倾向于依赖美联储的力量把事情搞定。然而，作为中央银行的美联储似乎并不总能掌控宏观经济这样的大问题。

的确，很多人认为中央银行只是货币供应的调控者。但货币供应量实际上很小：2008 年，美国的 M1，即包括现金和活期存款（支票账户）在内的货币供应量，仅有 14 万亿美元，其中 8 000 亿美元是现金。而且，大部分现金又掌握在少数囤积者手中，通常储存在美国境外；我们中的大多数人，不论什么时候都只拥有很少的现金。那么为什么现金的数量会如此重要呢？货币供应的另一个组成部分——活期存款和其他支票存款——在 2008 年仅有 6 000 亿美元，大约占美国总财富的 1%。仅仅通过管理活期存款的数量，美联储怎么能够解决我们在本书前面详细分析过的所有问题呢？

当然不能。在信心缺乏、劳动力市场情况不理想以致无法通过调整来恢复就业率的时候，此类标准货币政策的效力十分有限。

标准故事：中央银行如何干预经济

让我们从考虑一家中央银行如何通过控制货币供应量来影响一个经济体的标准故事开始。大家别误会，我们并没有把这个故事当成全部的事实。在某种程度上，我们确实喜欢这个故事。随后我们还会讲述另一个故事，说明中央银行何以能施加影响。我们觉得，在危机时期（比如现在）急需中央银行权力的时候，这个故事更具有启发意义。

中央银行（在美国是美联储）主要通过两种方式运用其

储备控制权，进而影响货币数量和宏观经济。标准故事强调所谓的“公开市场操作”。美联储持有一个庞大的政府债券组合(大约 5 000 亿美元)。[①] 在公开市场操作中，美联储买入或卖出这个组合中的政府债券。如果它买入债券，它就要从储备账户中支出资金；反之，则增加储备账户的资金。通过向公开市场注入或抽出资金，美联储扩大或收紧货币供应，进而影响利率，但并不专门针对经济的某个部分。利率是“时间的价格”，理论家们饶有兴趣地围绕这个看起来非常基本的变量来构造模型。[②]

美联储干预经济还有一种方法。它可以直接向问题银行发放抵押贷款来扩张信用；当然，它还可以收回这些贷款，以收缩信用。这第二种操作方法叫作再贴现或贴现窗口贷款，它同样能够影响储备规模和经济系统中的货币数量。一般情况下，再贴现并不重要。美联储通常会对此种借款收取少量罚息，所以银行很少使用贴现窗口。公开市场操作和再贴现的主要区别在于，后一种办法直接把资金注入真正需要资金的机构，前者则把资金分散给了整个经济系统。

平时，公开市场操作是美联储影响经济的主要方法。不

---

① 这个数字只应作为其规模程度的一个指标，因为在金融危机中这一数字仍在不断变化。

② 尽管这个故事对理论家们颇有吸引力，但它还是遗漏了一些关于中央银行使命的基本要素。海曼·明斯基曾经评论说，那些自认为这是中央银行主要故事的中央银行家们都戴上了“货币供应的眼罩”。

过我们稍后会讲到另一种办法，即再贴现。这种方法是最重要的，因为它直接把资金注入出问题的机构，以此来应对系统性的危机。

传统经济学理论认为（如我们主要在学院派经济学中看到的），美联储主要通过公开市场操作发挥控制经济的重大作用。根据这种说法，公开市场操作通过经济中普遍存在的货币供应量和利率发挥作用。经济学家所讲的故事通常会包含供给和需求，它们是经济理论的两个关键概念。在这里，我们要讨论支票账户余额的供给和需求问题。支票账户的供给与各联邦储备银行持有的储备成正比。支票账户的需求则来自它们的交易用途。经济学家设想，这些交易和收入成正比。这就解释了为什么对支票账户的需求取决于收入。无论从短期还是长期来看，人们都需要进行交易，而且按照传统观点，这些交易活动大致和收入成正比，所以活期存款大体上和收入成正比。

和对其他商品的需求一样，对支票账户的需求不仅与收入相关，还和商品的价格或成本有关，在这里，就是“持有支票账户的价格”。根据经济学家们最喜欢的这个故事，人们偶尔会问自己，他们的银行账户中是不是有太多或太少的钱。如果觉得太多，他们就会买入有价证券或其他东西，以减少账户的余额；如果觉得账户余额太少，他们就必须借钱或者克制消费支出，以提高账户余额。这种监测行为的频度取决于持有货币的成本。这个成本是什么呢？就是人们不把钱存在银行里，而是花在其他用途上能够额外获得的收益。这个收益就是利率，即持有货币的机会成本。因此，利率就是持有货币的“价格”。

说实话，这是一个非常优美的故事，而且是标准的利率决定理论的基础。人们认为，货币需求取决于收入水平及利率的高低。但就现在来看，特别是从短期来看，货币需求对于利率非常不敏感（经济学家称之为无价格弹性的需求）。为什么会这样？因为在支票账户中持有部分货币对一个人参与交易来说是必不可少的，但持有它的总成本通常不会占此人预算的较大部分。人们甚至有可能意识不到该成本。是否勤奋地监测自己的银行账户对他们来说意义不大，因为那并不会对他们的预算产生多大影响（当然，利率特别高的情况下除外）。所以，认为人们支票账户里持有的货币数量在短期内对利率相当不敏感也是很合乎情理的。

我们打个比方，支票账户余额就像是食盐。人们需要食盐，它的成本只占人们预算的一小部分。同样，人们也需要在支票账户中保留一定数量的货币，因为这是他们进行交易所必不可少的。不过，在食盐的例子里，它只占人们总预算的极小部分，所以人们几乎不太关心食盐的价格。在货币需求的例子中，价格就是利率，因此利率的需求弹性也很低。

根据经济学家最喜欢的这个故事，食盐供给量的细微变化，就会导致食盐价格的较大变化。反过来说，要想让人们增加或减少食盐的使用量，盐价就必须有很大的变化。与此类似，活期存款数量的小幅变化意味着价格的大幅改变，这里的价格就是持有活期存款的机会成本——利率。为什么呢？因为即使利率发生了显著变化，多数人还是要进行日常交易，他们管理银行账户的习惯也不会改变，在短期内尤其如此。即使利率这一特殊“价格”有较大变化，也只能引起货币需求量的小幅变化。

关于中央银行拥有控制经济的权力的原因——这个经济学家的标准故事到这里就差不多说完了。在上文中，我们已经说明食盐供给量（可以理解为货币供应量）的小幅变动如何导致盐价（可以理解为利率）的大幅变动。不过我们还需要解释为什么价格会这么重要。除了生产食盐的人，没有人会在意盐价是上涨还是下跌。因此，盐价对经济的影响并不大。

经济学家们在故事的结尾指出，持有活期存款的价格（即利率）与经济关系重大，这倒不一定是对储户本人，而是对经济体系的其他部分。未来所有收益流的价值都要按照利率折现。按这种说法，支票账户余额的些许变动就会造成利率的大幅变化，因此，所有资产的价格都会发生显著变化。那些受到影响的资产数以万亿计，具体到美国经济，大约是50万亿美元。而资产价格的变化会产生重大的影响。

正如我们所说的那样，这就是经济学家们的标准故事。活期存款供应量的变化引起利率变动，进而改变其他资产的价值，并使收入也发生变化。高资产价值可以从很多方面提高收入。你不妨到小区周围散散步。如果你所在的小区和我们在伯克利和纽黑文的小区一样，我们猜想，在一年前你还认为会一直空置的地块上，可能突然盖起了新房子，原来那些破旧的房子也令人吃惊地被修葺一新。这就是高资产价格广泛刺激建筑业和整体经济最常见的一种方式。

标准观点并不完美

上面有关美联储如何通过货币需求和供给影响经济的例子，是经济学家们常说的故事。但也有少数经济学家，包括我们在内，并不同意上述故事，至少有一点点不同意。我们认为，上述过程忽略了这么一个事实：人们在支票账户余额过低时，会寻求其他方法巧妙地完成支付，而不会仅仅守在支票账户上（人们通常会使用信用卡或其他形式的商业信用。在这种情况下，我们有理由假设，支票账户的支付并不一定和收入成正比）。不过，尽管有人对美联储影响经济的方式持不同看法（如可贷资金理论），但结论几乎没有改变。美联储的操作通常还是会对经济产生巨大的影响，因为货币就像食盐一样必不可少。

根据另一种观点，人们的支付方式相当灵活，支票账户中的货币并不会限制人们的购买或销售行为。不过从可贷资金理论来看，当美联储决定买入债券时，银行就会有更多储备，因此就有能力发放更多贷款。联邦储备银行要求的准备金率通常是10%，[①]这意味着如果贷款准备金增加300亿美元（众所周知，那不过相当于美国经济大桶里的一小滴水），就能使活期存款增加3 000亿美元，差不多相当于GDP的2%。银行就能够按此数目的90%增加它们的非储备资产组合。新的可用资金的增加会压低利率，于是就直接提高了消费支出，因为人们能够为他们的计划从银行取得更多的信用贷款，并使用这些资金。

美联储增加债券买卖还会产生第二个影响。由于美联储买入更多债券引起的利率下降会提高人们资产的价值，使他们感觉更加富有，他们会因此感到有能力进行更多消费。此时，无论个人的消费支出还是为将来进行的投资都会增加。

公开市场操作效力有限

至此，我们已经描述了资源相对有限的美联储如何设法通过公开市场操作来影响经济，而利率在其中发挥了关键作用。

虽然美联储有时也会交易期限较长的政府债券，但它通常只交易安全的短期债券（国库券）。公开市场操作直接影响美联储据以进行交易的利率，即短期无风险利率。长期利率对短期利率相当敏感，所以长期利率也会受到影响。不过，当美联储希望降低利率时，如同在衰退期所做的那样，公开市场操作

① 具体的百分比随银行负债的规模和类型有所不同。

的效力就有限了。为什么？因为在现实中，它不能使短期利率降低到零以下。显然，如果利率比零低，就没有人会愿意持有国库券，人们会转而选择持有现金。结果，一旦公开市场操作把安全的短期利率推向零，中央银行就无计可施了，即使继续购买短期国债也无法进一步降低利率。

当短期利率降到零时，常规货币政策的效力就达到了极限，只有其他类型的货币政策会起作用。那些政策会引起什么后果呢？

中央银行：最后一个放贷人

除了公开市场操作之外，美联储还有另外一个办法来防御经济危机，这也是很久以前创立美联储的初衷。这里，我们要提出有关中央银行权力的新观点，这个观点涉及的更多是系统效应和动物精神。

公开市场操作是美联储控制经济的常规办法。其实，这种控制机制并非美联储最初设想的影响经济的方式。1913 年美联储成立时，其目的是模仿欧洲的中央银行，当危机爆发引起人们对流动性的特殊需求时，直接由美联储发放贷款。当时的设想是把直接发放贷款当作美联储的主要工具。美联储要处理的是危机的系统效应，即企业倒闭的传染效应。

周期性的银行恐慌在整个 19 世纪都是很常见的。储户在银行前排起长队，担心排在前面的人成为取到存款的最后一个人，生怕银行资金被提取一空。这种银行挤兑行为具有传染性。一家银行无力支付的消息会引起其他银行的储户也排起长龙。即便是危机发生前资金充足的银行，为了完成支付义务，也得面对艰难的时光。的确，当每个人都因恐慌而提取存款时，现金可能无法充分满足提现需求。

对公众来说，1907 年的银行恐慌是最后一击，同样的事件再次上演。1907 年 10 月，纽约的尼克伯克信托公司暂停取现，导致金融危机失控。以此为导火线，银行挤兑开始蔓延。纽约之外的内地银行都在纽约的大银行里有存款，其中包括在尼克伯克信托公司的存款。内地银行还指望用这些存款来应付本行储户的提现要求。在尼克伯克信托公司暂停取现后，所有银行都出现了挤兑：在内地，储户们排起了长队；在纽约，内地银行则尽量将它们的存款兑现。由此导致的商业中断使美国经济的产出急剧下降，1907~1908 年，美国实际产出下降了 11%。

来自罗得岛的著名共和党参议员纳尔逊 · 奥尔德里奇是约翰 · 洛克菲勒的岳父，他被任命为国家货币委员会的主席。奥尔德里奇用了差不多两年时间到欧洲学习中央银行业务。学成归来后，他在佐治亚州岸边的哲基尔岛俱乐部和 4 位主要的纽约银行家进行了为期一周、高度机密的商谈。在那里，他们研究出了一个计划，后来经过适当修改，成了美联储的基础，旨在解决银行挤兑问题。美联储被赋予提供信贷的权力（贴现窗口应运而生），也可以给那些有临时资金需求的银行补充现金，尤其是在恐慌时期。美联储在1913年成立时，“弹性货币”条款被认为是它的主要发明。它是经济中的最后放贷人，在别人都不愿放贷时提供贷款。

需要注意的是，通过美联储来提供弹性货币的初衷，是为了应付信心及它的对立面——恐慌。在1907年的恐慌之后，这些问题就经常和货币改革提议放在一起讨论。实际上，在1908年，马萨诸塞州参议员亨利·卡伯特·洛奇在参议院发言时就指出：“恐慌期间缺乏的并非货币，而是信心，这通常是恐慌发生的前提条件。”1911年，当纳尔逊·奥尔德里奇继续为成立类似于中央银行的机构奔走呼告时，《华盛顿邮报》的一篇社论总结了当时的情形：“我们迫切需要一个集中化的机构，这样当危机迫近时，我们就能合力来击退它，而不是由单个银行或地方性银行协会手忙脚乱地自行解决问题，那只会使恐慌来得更快更猛烈。这正是1907年发生的事情，当时引起混乱的原因之一就是银行相互间缺乏信心。”经过数年讨论，在预期到另一次金融恐慌即将来临的时候，美联储终于付诸实施了。弗吉尼亚州的众议员卡特·格拉斯在1913年宣布：“对于某些征兆，我们不应熟视无睹……等到金融恐慌的危险已经降临到我们身上才采取行动，简直就是愚蠢透顶。”

“恐慌”一词形象地反映出了心理上的重压。联邦公开市场委员会的委员们在深入讨论了各次金融危机后，都本能地认识到了这一点。从成立之初，美联储就被视为能够在信心可能面临崩溃时采取决定性行动的机构，而且将来仍将是这样的机构。

不断变化的问题本质

为了应对可能引发银行恐慌的流动性问题，成立美联储和后来的联邦存款保险公司，确是明智之举。在相当长一段时间里，银行恐慌和流动性危机被视为陈年往事，甚至就在不久前，大多数经济学家还认为，这是一个已经解决了的问题。

有 4 条防线可以防止由一般存款机构的失败引发的系统性危机。第一，它们都受到了监督，虽然我们都知道，这种监督并不那么可靠。第二，在发生恐慌时（而非支付能力不足时），这些机构都可以在美联储的贴现窗口获得流动性担保。第三，按照目前的规定，单个储户都可以得到联邦存款保险公司最多 25 万美元的存款保险。第四，如果上述 3 条防线都被突破了，联邦存款保险公司有权终止银行的经营并进行清算。事实上，联邦存款保险公司的这个权力可能是政府手里最重要的防范银行恐慌的工具，因为它可以自定日程对银行进行慢慢清算（即接管银行的资产并将其出售）。

不过，并非所有的信用机构都能受到这种精心搭建的防御体系的层层保护。在 20 世纪，特别是近些年来，一个新的影子银行体系已经成长起来。这些所谓非银行的银行包括投资银行、银行控股公司和对冲基金。从功能来看，它们确实在做“银行”做的事情。它们放出短期贷款，而其中很大一部分资金一般都是从银行或银行控股公司借来的，然后它们拿这些资金去投资。

这些机构也会发生和传统银行一模一样的“挤兑”。同 19 世纪银行储户在恐慌时争先恐后提走现金的做法如出一辙，每一个短期放贷人可能都希望自己能最快地终止对投资银行、银行控股公司和对冲基金的贷款。

另外，当每个人都慌不择路地逃离时，这种逃生现象就会系统性地蔓延。放贷人担心自己的储户要求提现，因而惶惶不可终日。这就减少了非银行机构的可得资金，也提高了非银行机构为获得资金而必须支付的利率。在流动性转移发生前，它们本来有充足的支付能力，但在流动性危机中，它们可能无法承受继续借款所必须支付的更高利率。

贝尔斯登与长期资本管理公司

2008 年美联储与贝尔斯登之间的互动，以及 1998 年美联储与长期资本管理公司之间的互动，都很好地表明了美联储对影子银行体系及其破产引发金融恐慌可能性的关注。

2008 年 3 月一个星期一的早晨，公众吃惊地发现，仅仅过了一个周末，美国的主要投资银行之一贝尔斯登已经被摩根大通并购，谈判达成的价格仅为每股 2 美元。用某位著名的华尔街律师的话来说就是："这就像是在夏天的清晨，醒来看到了满地白雪。"① 美联储促成了这一交易，它给摩根大通提供了 300 亿美元的贷款支持，以贝尔斯登的资产作抵押。评论家们对于美联储在交易中扮演的角色，似乎和对贝尔斯登的倒闭同样吃惊。

2008 年，美联储主席伯南克对参议院银行、住房和城市事务委员会表达了他对贝尔斯登破产可能造成的后果的担心：

> 我们的金融体系极度复杂并相互关联，贝尔斯登广泛参与了一系列关键市场。贝尔斯登的突然破产会在这些市场上引发混乱的平仓操作，并可能严重动摇人们的信心。该公司破产还可能会使人们质疑贝尔斯登上千家交易对手以及从事类似业务的公司的财务状况。考虑到全球经济和金融体系面临的巨大压力，贝尔斯登破产可能会带来难以承受的严重危害。

不过，美联储的历史和建立贴现窗口的初衷恰好说明了它为什么会促成这样的交易。伯南克对货币危机和美联储在危机中发挥作用的历史颇为了解，他十分理解美联储创立者最初的

---

① 但是，后来摩根大通同意支付每股 10 美元。最初匆忙达成的协议被认为过于草率，所以后来又进行了重新谈判。

意图。他担心贝尔斯登破产会造成流动性危机。如果贝尔斯登的信用状况令人生疑，谁还敢把钱存在它的债权人那里呢？这就是一个多世纪以前，尼克伯克信托公司破产时发生的情况。在这种情况下，谁会相信尼克伯克信托公司的债权人（尤其是那些内地的银行）会得到偿付呢？连锁反应就此形成。

我们可以回顾一下10年前的另一起类似事件。当时，美联储也恰好扮演了营救者的角色，岌岌可危的机构不是投资银行，而是一家对冲基金。1994年，所罗门兄弟公司的前高管创办了一家对冲基金，名为长期资本管理公司。他们希望按照迈伦·斯科尔斯和罗伯特·默顿的金融理论进行风险套利。3年后，斯科尔斯和默顿由于创造了“衍生产品定价的新方法”共同获得诺贝尔经济学奖。因为公司顾问的完美声望，长期资本管理公司不仅筹集到了12.5亿美元的资本，而且轻而易举地获得了从华尔街主要银行随意借款的特权。

起初，长期资本管理公司的合伙人取得了成功，就像他们的招股说明书预计的情况一样。他们在华尔街赚钱的策略很简单——主要以回归分析和期权理论为基础。过去的行为预示着期权价格的变动。在大量可比交易的基础上，利差会逐渐回归历史均值。如果利差过大，期权价格就会下降；反之则升高。这样的交易简直就是十拿九稳。长期资本管理公司成立的第一年，情况也确实如此。本书作者之一还能记起当年在华盛顿的一个鸡尾酒会上碰到长期资本管理公司某合伙人的情景。在被问到干得怎么样时，这位合伙人咧着嘴高兴地说，收入比以前在政府部门工作要好多了。到1997年，通过赢利和发行新股，长期资本管理公司的资本增长到了70亿美元，利润高达21亿美元。

但是，骄兵必败。1998年，长期资本管理公司的策略出了点问题。虽然在以前的年份，市场很符合他们先前通过计量经济方法做出的估计，而且利差和历史均值也大致保持稳定关系，但1998年发生了俄罗斯和亚洲的货币危机，利差不但没有缩小，反而扩大了。长期资本管理公司损失了所有的财产。以高杠杆率从华尔街借来的钱现在都不能被列为资产，全都成了负债。到1998年8月，这家基金看起来很可能要垮台了。到9月中旬，长期资本管理公司有超过1 000亿美元的借款，都用在了面值远超其数的衍生产品的赌注上，破产已成定局。没有人确切地知道破产后会发生什么。即便破产法院裁定某人欠另一个人什么，然而支付链断裂，会发生什么事情呢？

美联储出手干预了。在纽约联邦储备银行的会议室里，华尔街的巨头们被召集在一起，开了一次紧急会议。最终，巨头们艰难地达成了协议，主要贷款人向长期资本管理公司注入36.5亿美元，同时获得该公司合伙人持有股份的90%。

在贝尔斯登和长期资本管理公司两起事件中，美联储都承担了最后放贷人的角色。这样做是为了消除流动性危机中的系统性风险。在两起事件中，美联储都果敢地采取了行动，流动性危机被化解了。但我们事后才发现，这两起事件不过是后来发生的危机的预警。

2008 年 9 月 15 日，雷曼兄弟公司申请按照《破产法》第 11 章的规定破产。美联储和美国联邦政府开启了干预经济的新模式。动用美联储和美国财政部的力量来拯救某一机构，防止第一张多米诺骨牌的倒下，这在目前已不是问题。各国的中央银行和政府都在努力拯救国内经济，从更广泛的意义上说，也是在拯救全球经济。

我们关于动物精神的看法，以及在本章中有关中央银行权力尤其是危机期间中央银行权力的讨论，使我们能够更好地解释危机为什么会发生，并告诉我们目前需要做些什么。在接下来的第八章中，我们将讨论解决问题的药方。

第八章

金融危机应对之策

我们的理论，尤其是第七章中关于货币政策及中央银行权力的理论，对经济危机具有重要的启示意义。对绝大多数经济衰退来说，治疗的药方，就好像“吃两片阿司匹林，多休息”一样，就是降低利率（也就是依赖标准货币政策）和扩张财政。扩张财政要么采取增加支出的方式，要么采取政治上更加可行的减税。不过对于这次危机，我们需要做的可不只这些。

本轮衰退有所不同，它并不仅仅是因为需求不足，也不是因为能源价格过高，尽管2008年夏天的油价确实高得离谱。对经济威胁最大的因素当属信贷危机。如果信贷规模远远低于正常水平，实现充分就业这一目标就很困难，甚至根本就不可能。①

之前，金融领域也曾出现过不少问题。例如，我们在第三章看到，20 世纪 80 年代美国的储贷协会就发生过相当大规模的破产。重组储贷协会花掉了 1 400 亿美元，这可不是笔小数目，尤其是在被浪费的时候。好在这笔数目只占当时 GDP 的 2%②，储贷协会破产并没有对宏观经济造成严重影响。

与之不同，本次危机广泛而深入，危及整个经济。它不仅和那些买了房子却付不起房款的人有关，还和加利福尼亚州有关，该州宣称再也借不到钱了；它不仅和世界各地的投资公司倒闭有关（这些公司本来似乎会永远存在下去），还与那些不想买车的消费者以及那些想要借款买车却得不到贷款的人有关；它甚至还和我们的邮箱有关，我们注意到，最近收到的给我们优惠条件的信用卡信息少多了。

为了避免可能从统计角度仅仅把信贷危机看成另一个普通的危机故事，每个经济学家都用自己偏爱的统计指标来分析该问题。我们偏爱的指标是未偿商业票据。从 2007 年第三季度到 2008 年第三季度，名义 GDP（未经通货膨胀调整）增长了 3.4%。

① 美国 1946 年的《就业法》告诉我们，政府经济政策有两个主要目标。正如该法第 15 条第 1021 款明确表述的，政府“宣布和设定一个国家目标，让所有能够、愿意且正在找工作的人都有权利获得各种就业机会，以合理的报酬水平实现有益和有偿的就业”，而且，“国会还进一步声明，通货膨胀是我国的主要问题，需要改进政策来克服它”(http://www.law.cornell.edu/uscode/15/1021.html)。在危机时期低通货膨胀目标应该不难实现。

② 1994 年，美国 GDP 约为 7 万亿美元。

在一般情况下，未偿商业票据的余额本来也会增加——至少应该增加一点儿，但情况并非如此。根据美联储公开的统计数据，未偿商业票据余额下降超过 25%（从 2.19 万亿美元降到 1.58 万亿美元）。资产支持商业票据遭受的打击尤为沉重，其未偿余额下降超过 40%（从 1.21 万亿美元降到 7 250 亿美元）。人们通常认为，商业票据是企业获得营运资本的主要工具，所以它是我们偏爱的指标。企业要用这笔钱支付工资，向供应商支付货款。虽然商业票据融资并不是此类支出的唯一资金来源，但是如果企业的业务相当稳定而未偿商业票据余额却下降 25%，那就意味着一定是发生了信贷紧缩。

前几章已经解释了为什么会发生信贷紧缩。旧的金融体系发生了变化。在过去，大多数发放贷款的机构都会把贷款保留在自己的资产组合中。后来，“新金融学”的鼓吹者们运用各种各样的办法，把贷款打包（将其“证券化”）并将这些证券拆分。再接下来，各种稀奇古怪的金融衍生产品又进一步把这些证券烩在一起。这些衍生产品甚至不需要基础资产作担保，它们只是承诺在未来发生某种情况时支付而已。靠着这种奇怪的金融炼金术，投资者们巧妙地把这些产品组合起来，幻想着以此来消除潜在的风险。2007 年春天，就在金融市场开始注意到可能出了问题之前，风险溢价处于前所未有的低点。

这个在快速投机的年代（go-go years）里发生的故事，讲述的就是所有证券化和衍生产品都与“风险管理”有关。证券化和期货合约确实都能发挥风险管理的作用。但是，情况后来发生了变化。如同我们前文所说的，新情况表明，证券化和那些稀奇古怪的衍生产品只不过是兜售万灵药的新手段罢了。当关于华尔街本质及其产品的新故事取代老故事之时，金融市场的活力也就耗尽了。那些古怪的产品一旦没有了需求，信贷紧缩就随之而来。

信贷紧缩的爆发有三个不同的原因。第一个也是最明显的原因就是标准融资模式的崩溃。那些发放贷款的机构（如抵押贷款机构）再也不可能指望把贷款打包，并顺利地转手给毫无疑心的第三方。现在，如果它们还想发放贷款，就必须保证这些贷款绝对安全，否则就必须自己持有这些贷款。[①]

引发信贷危机的第二个原因涉及资本损失与杠杆率的关系。很多持有贷款或发放贷款的机构（包括存款银行、投资银行和银行控股公司）自己也投资了新型金融产品，它们的杠杆率也非常高。而当情况发生变化、信用崩溃时，它们的资产价值就会降低。这些机构的资产每损失 1 美元，其资本价值就会减少 1 美元。这不仅会把它们推向破产边缘，还会提高它们的杠杆率。此时，这些机构就必然面临一个三难选择：提高杠杆率、减少贷款或筹集新资本。如果它们选择减少贷款发放和发行其他证券，信贷紧缩就会发生。非存款机构借款期限短，放

① 当然，很多抵押贷款可以转给房利美和房地美。

款期限长，这个事实使杠杆率问题进一步恶化。银行控股公司、对冲基金和投资银行虽然名义上不是银行，但实际上都从事银行业务，换句话说，它们是影子银行体系。

使用已经承诺的信用额度是信贷危机产生的第三个原因。在经济景气时，银行授予客户一定的信用额度。现在，由于信贷短缺，这些客户就以出乎意料的规模提现，要银行兑现在经济景气时相对容易兑现的承诺。为了兑现这些承诺，银行发放新贷款的能力就进一步遭到挤压。

实现信贷目标是当务之急

上文关于已发生事件的总结并非原创。只要你认真阅读某一天的《金融时报》或《华尔街日报》，或多或少都能了解到关于各种事件的类似解释。这一解释已经成为故事的标准版本。

然而，它对宏观经济政策具有启示作用。宏观经济模型通常被用作预测工具，它并不包含描述信贷紧缩及其原因的财务细节。假如金融市场是完全自由流动的，预测要使总需求达到充分就业水平需要什么样的货币政策和财政政策刺激就相当容易。此类预测应该被用来确定所需财政刺激的规模。美联储、美国国会和总统经济顾问委员会在这方面都有丰富的经验。

不过，当金融领域的信心丧失时，宏观经济的规划者们还必须有第二个目标。在这样的反常时期，用传统的方法来确定所需的刺激会产生误导。规划者还必须制订一个计划，该计划规定各种类型贷款的数额。我们可以把这个信贷计划称为目标或中间目标，[①]该目标应当与经济充分就业时所需的信贷水平相当。信贷目标不应该仅仅是贷款数量的机械加总，还应该反映那些在正常情况下能够得到贷款的机构的总体状况。信贷目标的想法至少可以回溯到1988年由现任美联储主席伯南克和前副主席艾伦·布林德合写的一篇文章（不要把这个信贷目标和经济学家们常说的货币政策目标混淆，后者主要针对通货膨胀率。那篇文章本身并不关心如何缓解信贷紧缩的问题）。

实现信贷目标是当务之急，这有几方面的原因。其中最重要的原因是，那些依靠外部融资的企业如果得不到贷款就会破产。如果信贷紧缩持续存在，很多企业破产的话，为实现充分就业而采取的财政政策和货币政策的刺激力度就会太大，以致根本不可能实施。

更深层的问题是，只要信贷市场仍被冻结，对财政政策和货币政策刺激的需求就会持续。使用恰当的财政政策和货币政策进行适度刺激，可能有助于我们保持充分就业。但只是这样做而不解决信贷紧缩问题，就像是硬扶着病人从床上坐起来，表面上一切都好，但只要你一撒手，他还是会重新倒在床上。

① 最好将信贷目标作为中间目标，因为它不是美联储的最终目标，充分就业才是最终目标，但信贷目标可以作为实现最终目标的手段。

20 世纪 90 年代的日本就是很好的例子。日本的股票市场和房地产市场于 90 年代初崩溃，在此后的大约 15 年时间里，日本政府频繁陷入财政赤字，最后政府债务飙升到年度 GDP 的 1.71 倍。

还有，只要信贷紧缩还在持续，乘数效应就会比通常情况下小很多。例如，借不到钱的人不太可能买新车，即使积极的财政政策已经给他提供了所需的首付款。

对未来的影响

儿童图画故事书里，关于糊涂蛋胖胖（Humpty Dumpty，俚语中指又矮又胖的人）的儿歌有很多。它是一个谜。谁是糊涂蛋胖胖？它其实是个大鸟蛋。所以，如果它跌落在地，国王的所有战马和武士加在一起也不能把它重新拼到一块。

这个故事形象地描述了金融危机。金融体系中发放贷款、转移贷款的那个部分，其实相当脆弱。现在，它真的跌落在地。按照我们的动物精神理论，信心消失得无影无踪，人们开始怀疑他们以前进行的数以万亿美元计的交易。故事也改变了，它现在成了万灵药的故事。危机根本没有逆转的迹象。

这个复杂的融资模式包含了证券化债务和看似为这些债务包提供保险的衍生产品（如信用违约交换和其他金融期货等），它也的确一直在发挥作用。数年来，它已经在相当程度上取代了过去的直接借贷体系。

公众现在希望，由存款银行、银行控股公司、保险公司、退休基金、对冲基金、投资银行和其他机构组成的现存金融架构，来填补“糊涂蛋胖胖”突然坠落留下的空白。作为对凯恩斯关于宏观政策作用的观点的回应，我们的意见是，如果宏观经济有空白，政府就必须填补这一空白。政府必须再次采取行动，为构建一个健康的资本主义经济体系打好基础。这也是创建中央银行的先辈们的设想：中央银行的作用就是确保有利于实现充分就业的信贷环境。

美国政府的政策回应

自从2007年7月发生信贷危机以来，美国政府已经使用了三类工具来扩大信贷。

方法一：贴现窗口。美联储已经大规模地扩张了贴现操作，尤其是通过创造不同的拍卖工具。[①]其中，最重要的也是最具创造性的，是那些使银行能够通过竞价拍卖获得美联储贷款的工具，居首的当属定期拍卖工具（TAF)。雷曼兄弟公司

① 美联储还专门给主要交易商创设了一种特殊的信贷市场工具：一级交易商信贷工具（PDCF)，以及专门向货币市场共同基金提供流动性的类似工具。它向主要的金融实体发放贷款防止其破产的例子主要有两个：贝尔斯登（我们在第七章看到了）和美国国际集团。美联储的所有这些行动可以被视为按非传统方式使用了贴现窗口。

倒闭之后，美联储于 2008 年 10 月举行了两次拍卖：第一次拍卖提供了 1 380 亿美元贷款，期限是 85 天；第二次拍卖提供了 1 130 亿美元贷款，期限是 28 天。这两次拍卖体现了定期拍卖工具的作用。

美联储和财政部还发明了一种巧妙的办法，以快速重新激活濒临崩溃的信贷市场。2008 年 11 月，美联储创设了定期资产抵押证券贷款工具（以下简称 TALF）。TALF 中的贷款是一种无追索权贷款，也就是说，如果银行不偿还贷款，政府最多就能得到银行提供的抵押品。而且美联储给银行提供这些贷款时，只要求很低的抵押品“估值折扣”（例如，美联储可以要求1亿美元贷款提供1.05亿美元的抵押品，这里的“估值折扣”就是 5%）。

这些条款有两方面的影响。因为 TALF 中的贷款没有追索权，所以银行就能避开被追偿的风险，这样它们的潜在损失就是有限的了。于是，银行应该不再需要很高的贷款回报来抵消风险，即使在眼下的危机时期。它们的损失最多不超过估值折扣。不过与此同时，如果银行发放的贷款出现问题，估值折扣可能会损失掉，所以它们有动力从一开始就尽力发放优质贷款。

TALF 的另一条款也限制了美联储的负债。抵押品的损失要由财政部和美联储共同分摊，其中财政部是次级债务人，美联储是优先债务人。首次公告发售 TALF 时，美联储解释了它将如何运作以及为何如此有效和巧妙。在第一次发售时，美联储拍卖了2 000亿美元的一年期贷款，抵押品包含新发放或近期发放的汽车贷款、学生贷款、信用卡贷款和小企业贷款。抵押品必须至少取得两家以上评级机构的AAA级评价。财政部从它7 000亿美元的不良资产救助计划（TARP）中拿出200亿美元作为2 000亿美元贷款的次级贷款。所以，如果发生损失，最先损失的200亿美元由财政部承担，而不是由美联储负担。该条款（加上银行先前提供的估值折扣）使美联储的权益相对安全，这足以使美联储据此依法行使权力，发放拍卖工具贷款。

TALF计划同时实现了三个目标。第一，它有力地刺激了银行并使其发放新贷款。银行的损失最多只是估值折扣。目前，国库券和要进入抵押池的贷款之间的利差，应该在弥补小小的估值折扣损失后还有余。第二，TALF保证了美联储拥有的那部分抵押品足够安全。第三，与直接购买不良资产相比，财政部的资金能够发挥更大作用。例如，如果财政部作为次级债务人认购10%的抵押品（和首次发售时一样），3 000亿美元的资金就能支持价值3万亿美元的新贷款。那才是为了拯救摔下来的“糊涂蛋胖胖”需要提供的信贷量级。当然，未来的TALF可能会在很多方面发生变化：预计将来会以商业票据、商用物业和其他抵押品为基础发放贷款。而且，此种产品将来还可以有不同的贷款期限、贷款评级以及针对拍卖本身的定价方案。

从更广泛的意义来看，TALF 告诉我们，金融创新具有两面性：它可能会把我们推入危机的泥潭，但如果能充分发挥其创造力，它也可以把我们从危机中解救出来。最重要的是，TALF 给我们带来了一份希望，即不良资产救助计划提供的大量财政资金能够促进更大规模的信贷流动，进而对信贷紧缩产生必要的重大影响。

方法二：直接向银行注资。扩张信贷以拯救摔烂的“糊涂蛋胖胖”的第二个办法，就是直接向银行注资。美国财政部已经从不良资产救助计划中拨出了约 2 500 亿美元用于此方法。其中大约一半给了七大银行：美国银行、纽约梅隆银行、花旗集团、高盛集团、摩根大通、摩根士丹利和富国银行。由于银行放贷都受到自身资本实力的制约，额外注入的银行资本就格外珍贵。

方法三：通过政府支持企业（GSEs）直接发放贷款。还有第三种办法，联邦政府可以为政府支持企业直接增加贷款。2008 年 2 月，作为政府经济刺激计划的一部分，房利美和房地美可以购买的最大抵押贷款金额被上调。以前统一的上限是 417 000 美元，现在的限额提高到了地区房价均值的 125%，房价最贵的地区的上限可以达到 729 750 美元。此外，政府还指示房利美和房地美从 2008 年到 2009 年年底继续增持抵押证券组合。

联邦政府就这样引导房利美和房地美，使其为抵押贷款提供巨大支持。就在危机发生前的2007年年底，这两个政府支持企业的业务账面价值加起来有49万亿美元，在公众持有的整个美国国家债务中占相当大的部分。如果不接管这些企业，并给予直接支持，它们一旦破产就会导致抵押金融业务的致命下滑和房地产市场的深度下跌。而政府对房利美和房地美的担保（在它们于2008年9月被接管前，担保还不是公开的），就意味着这两家企业发行的债券是安全的。2008年11月25日，美联储还宣布，它将购买由政府支持企业发行的金额最高可达5 000亿美元的抵押贷款支持证券（MBS），以及最多1 000亿美元的直接债务，以进一步支持抵押贷款市场。这样，房利美和房地美就可以在相当大的程度上替代崩溃的抵押贷款市场。

正是因为采取了这些激进的行动，美国的抵押贷款市场才免于土崩瓦解。这些行动很容易从政治角度找到合理的解释，因为这些政府支持企业最初是由美国政府创办的。

除了TALF和其他基于贴现窗口的操作外，为了慎重起见，我们应该同时准备另外一套应对信贷紧缩的办法。复苏计划应该考虑到如下可能性，即把那些需要存款保险公司挽救，但运营情况相对良好的银行，整合成新的政府支持企业。合并后的企业可以超越房利美和房地美所代表的传统抵押贷款市场，直接支持信贷活动。这样做需要制定新的法律，需要建立一个新企业，它类似于当年为化解储贷协会危机而成立的重组信托公司。不过，新企业的任务会有所不同：组成新企业的银行将在适度监督下直接发放特定目的贷款，以缓解信贷紧缩，而不是集中精力迅速清算资产。在 20 世纪 90 年代初的瑞典金融危机中，政府采取了包括银行国有化在内的一系列办法，确保信贷发放不会陷入停滞。

三种方法的优缺点

为了实现信贷目标，三种方法应如何组合取决于它们各自的优缺点。

方法一：扩张性的贴现窗口。尽管 TALF 似乎是联邦支出最小、对信贷市场的直接干预最少的缓解信贷紧缩的办法，但它还处在试验阶段。现在，美联储还将它的抵押品限制在 AAA 级证券上。把 TALF 扩大到较低评级证券可能还存在很多困难。此外，通过这一工具提供资产的那些机构，一定会想办法借机处理它们的不良资产。鉴于抵押池中潜在的“柠檬”问题[①]，将TALF的授信范围扩大到包括评级不高的抵押品还是有难度的。

方法二：直接向银行注资。直接向银行注资也有其自身的问题，尤为突出的是合法性问题以及人们的接受度。公众和媒体都不喜欢“救助银行”这一理念，它触犯了他们以及我们的

① “柠檬”问题，意指低质量资产。——译者注

公平感。公众还担心，拿着高薪的银行家们会挪用救助资金来提高自己的奖金，而这种可能性的确很大。《纽约时报》的格雷琴·摩根森就对此进行了思考，她讲到了一位“爱开玩笑的朋友”如何把不良资产救助计划说成纯属“奖赏富豪的行动”。

另一个难题是确定必须注入的资金规模。公众也许会认为，向银行注资，对于保持银行的偿付能力确有必要。不过，这种看法并没有认识到“糊涂蛋胖胖”问题。为了缓解信贷紧缩，让银行保持超常的偿付能力是必要的，只有这样它们才能够代替信贷体系中已经崩溃的部分。当美联储宣布将向美国银行注入 2 500 亿美元后，《金融时报》的头条新闻说，即使是这个数字，也远远不能解决信贷紧缩。它的通栏大标题还特意把美国政府拨出的 2 500 亿美元和“欧洲的 25 460 亿美元行动”做对比。

第三个问题是“牛儿不喝水，不能强按头”。注入的资金使银行更加富有，因此不太可能破产，但它们并不一定愿意放出更多贷款。为了兑现当初承诺的信用额度，它们需要发放更多贷款，这可能已经让它们感到捉襟见肘。

不过，向银行注资有两个潜在的好处。这种注资对于私营信贷体系的干预最小，假定银行拒绝贷款确实是受制于资本约束的话，注资也是成本较低的实现信贷目标的办法。如果资本充足率要求为 8%，那么 2 500 亿美元的注资能够支撑 31 250 亿美元的新贷款。此外，它还和诸如 TALF 之类的计划相互作用。相对较少的注资有可能极大地提高银行的偿付能力，否则银行就会濒临破产，到时就只能求助于 TALF。

方法三：利用政府支持企业。政府支持企业当然也有问题。它们在选择给这些居民发放贷款，而不给另一些居民发放贷款的问题上，存在一定困难。在公共机构内解决此类问题通常要涉及烦琐的行政程序。在信贷紧缩需要迅速采取行动的时候，这个缺点尤为突出。但是，有很多政府支持企业运行良好，而私营公司却表现很差，它们也有可能存在官僚主义和低效率方面的问题。另一方面，政府支持企业还可以解决“牛儿不喝水，不能强按头”的问题。就像房利美和房地美的例子一样，政府的指令可以强迫“牛儿”喝水。

金融市场目标的作用

几乎所有研究宏观政策的经济学家都清楚，替代掉“糊涂蛋胖胖”式的金融部门是当务之急。从广义上来理解，自 2007 年 8 月信贷紧缩开始以来，美联储采取的政策以及该时期的财政政策，都是为了尽可能地达到两个旨在实现充分就业的目标[①]。

双目标概念对总结当前的经济政策来说是个有用的工具，

① 两个目标指总需求目标和信贷目标。——译者注

但并不仅限于此，大萧条的经历可以说明其中的原因。胡佛总统和罗斯福总统都曾采取过赤字预算方案，并创建新机构以取代已崩溃的金融系统，其方向都是正确的。虽然我们还是可以看到这两位总统的计划的重大缺陷，但他们仍然是我们的英雄。他们的经济政策有时候沿正确的方向前进（凯恩斯式的扩张性政策），但他们自己经常听信错误的消息，于是都试着平衡预算。由于没有凯恩斯的理论模型来测算需要多大的赤字规模以实现充分就业，两位总统都缺乏坚持到底的意志和政治合理性。换言之，他们赤字开支的规模并不够大。

上述两个目标提供了这样的标准。标准的宏观模型在考虑实现充分就业所必需的货币和财政刺激手段时相当正确。不过，金融市场也必须被纳入目标中，因为现在的金融体系已经不同于几个月前“糊涂蛋胖胖”落地前的情况了，目前只有其中的一部分还在发挥作用。一方面，总需求目标会表明为实现充分就业所需的财政刺激和利率政策；另一方面，信贷目标则会说明巧妙地运用上述三种方法必须达到如下结果：这些方法同时运用，一定要创造出金融流动性（商业票据、债券和其他金融工具的发行），这也和充分就业相互关联。

我们需要这两个目标，并不仅仅是用于制订一个计划，进而为我们实现复苏创造良好的机会。这两个目标对我们来说之所以必要，是因为这样的计划会带来巨大冲击。当财政部部长保尔森最初建议采取 7 000 亿美元的救助计划时，国会之所以犹豫不决，是因为保尔森的计划缺乏这些资金如何分配的细节。不过，即使在国会将这个计划具体化之后，7 000 亿美元似乎还是太多了。事实上，众议院一开始否决了修正后的提案。

对动物精神的研究告诉我们，为什么我们需要这两个目标。我们需要这两个目标并了解其背后的因果逻辑，这不仅可以给政策制定者提供信心，还能为他们实施如此大胆的计划提供合理性支撑。我们关于信心、万灵药和故事的理论，说明了为什么除了保障现有金融体系的偿付能力外，我们还必须做更多的事情。任何一个真正有可能终结危机的计划，都必须达到相当大的规模，大到足以代替跌落在地的“糊涂蛋胖胖”。

当然，双目标方法和“糊涂蛋胖胖”理论不仅适用于美国，也适用于其他国家。

第九章

为什么有人找不到工作？

我们在第六章研究的萧条表明，高失业率可能年复一年地持续下去。我们已经讨论过萧条的成因，不过现在我们讨论的重点是劳动力市场不能正常出清，而这正是失业的显著标志。即使萧条时期人们会丧失信心，即使人们会普遍感觉不公平，会留意腐败，会怀疑未来，但为什么工资率不能自动调整以使劳动力市场出清呢？

本章，我们要集中讨论动物精神理论的一个方面，即人类对公平感的需求，以帮助我们理解失业问题。这个解释能够帮助我们理解为什么大规模失业会一再发生，为什么我们要制定经济政策来防止此类问题再次发生。

非自愿失业

我们认识一位非常优秀的经济学家，他一直以自己的意志力为傲。他准备卖掉自己的房子，但预期中的买主并未主动找上门来，他对同事们说他卖不掉房子。他的同事对房子卖不出去并不奇怪，但对他的这个判断颇感诧异，因为它违背了经济学入门课程中的供给和需求定律。他们确信，无人问津的原因很简单：他要求的售价太高了。后来房子终于卖了出去，但正如人们所料，价格大大降低了。

非自愿失业与众多经济学家的经济理论相违背，原因就在于这些经济学家对失业者提出的问题和他们对这位经济学家的房子提出的问题是一样的。如果失业者找不到工作（即他们无法出售自己的劳动力），为什么他们不要求较低的工资？或者，如果不愿意降低工资，为什么不降低要求找差一点的工作？劳动力市场为何会与股票市场或商品市场不同呢？在后两类市场中，人们只要稍稍降低一点要价，就能够做成生意（事实上，几乎是马上就能成交）。

有一个答案能回答这些问题，即所谓的效率工资理论。之所以称其为效率工资理论，是因为该理论认为，劳动者的效率或效益取决于他们得到的工资。在房地产市场、股票市场和小麦市场上，一旦按照商定的价格交换了商品，买方和卖方的交易就完成了。较低的价格无疑会使买方得益，但购买劳动力的情形与此不同。在劳动力市场上，买方和卖方之间的交易，只有在劳动力被雇用、工资也谈妥之后才算真正开始。无疑，只要求较低工资不会产生其他后果，多数雇主都喜欢较低的工资。但在劳动力市场上，低工资常常会产生其他影响。为什么？因为雇员在约定的工作时间内，并不一定会努力工作，他们肯定需要激励。如果低工资致使雇员心怀不满甚至怨恨，并因此把雇主的经营活动弄得一团糟，这对雇主也没有什么好处。只有极少数雇员可能会受到非常严格的监督，因此没有机会发泄不满。

我们可以用最简单的经济学工具，即经济学中最基本的供给和需求曲线，来诠释此类问题的影响。在我们的理论描述中，工资由雇主制定，此时他关心两个问题：一个是他要付出多少钱，另一个就是对雇员士气的影响。由于工资会影响雇员的士气，雇主愿意支付的工资可能会高于雇员愿意接受的最低工资。对所有的雇主来说，他们愿意支付给雇员的公平工资可能会高于劳动力市场上所有劳动力愿意接受的工资。于是，劳动力的供给就大于需求，这样在供给和需求之间就出现了缺口，这个缺口就是那些找不到工作的人。

就业市场有点像是抢椅子游戏。舞池边有一些座位，但跳舞的人数比座位数要多，因此当音乐停止时，有人就找不到座位。我们可能不知道哪些人找不到座位，但我们可以肯定，必然会有人没有座位，同时还要不情愿地停止跳舞。与此类似，如果就业岗位少于找工作的人数，就一定会有人找不到工作。真实情况有可能是，越是有毅力的失业者，越有可能成为找工作的幸运儿。找到工作的人通常是那些尝试过更多的工作机会，而且比较愿意接受先前他们未曾考虑过的工作的人。不过，这并不是对非自愿失业概念的否定。非自愿失业是指，在企业愿意支付的工资水平上存在的劳动力供求缺口。

这个失业理论非常简单，可以放在经济学入门课程里轻松讲授。它现在也出现在更加全面的宏观经济学教科书和一些“原理”读物中，但通常都被放在阐述失业的章节的最后。探究一下经济学家对该理论的保留态度是很有帮助的，尤其是我们对这种保留态度的回答，将帮助人们理解为什么该理论实际上提供了关于非自愿失业的最佳理论和实证解释。虽然我们的失业理论非常简单明了，但由于经济学家的反对，它直到 20 世纪 80 年代初才发展起来，而且即使到现在，它也只得到了有限的认可。

最简单的失业理论——企业愿意支付给工人的工资高于能够吸引他们工作的最低工资数额——似乎有违常识。为什么？因为它看起来像是奇谈怪论，有哪个购买商品或服务的人愿意支付比必要数额更多的钱？但在效率工资理论中，雇主确实是这么做的。他们所支付的工资要高于工人对自己的工作所要求的工资。而如果创造一个理论，说股票市场和小麦市场上的买家愿意为他们购买的东西多付钱，就完全没有意义。

效率工资理论还和经济学家的理论直觉相抵触，因为它违反了提出理论问题常用的概念框架。经济学中常用的方法是提问题，先是针对市场中的需求一方，然后针对供给一方提问。按照这种方式，考虑劳动力购买问题时，人们首先会问：谁是可能的劳动力购买者？然后，在各种工资水平上，他们会购买多少劳动力？对这些问题的回答就决定了劳动力需求。在供给方面，传统的问法是：谁是可能的劳动力出售者？在各种工资水平上，他们愿意供应多少劳动力？在供给等于需求的那个工资水平上，传统意义上的均衡就实现了。有些人会对工资过低感到失望，所以干脆不找工作。不过，在标准的理论中，并不存在非自愿失业这回事。像我们的朋友和他的房子一样，每个人都能出售劳动力：他们只需要在索要的价格（工资）上保持足够弹性就可以了。

但标准理论并未描述出劳动力市场的真实情况。我们将会看到，基础统计数据恰恰表明，雇主们确实愿意付给雇员高于必要水平的工资。所以，效率工资理论绝对是站得住脚的。

工资、价格和效率工资

货物是比劳动力简单得多的商品。工人们如果觉得工资太低就会不高兴，而货物没有生命、没有感情，因此不会这样（这也是为什么人们很少以高于最低可能的价格购买商品，但会付给劳动力高于必要水平的工资）。不过，如果我们仔细思考这个问题就会发现，即使是货物也并不总是正好以最低的可能价格出售。

事实上，在同一座城市，同一种商品的价格差异相当大。若干年前，三位哈佛大学的经济学家决定调查波士顿地区的 39 类特定商品的价格差距。这些商品分门别类，各不相同，包括兰令牌十速自行车和星座读物等。调查结果显示，其中多数商品的价格都存在相当大的差别。自行车的价格差距最小，最高价和最低价只相差 11%。但这 39 类商品中，完全一模一样的商品，最高价和最低价之间的差距的中位数是 157%。一款 Denman 牌七排毛梳的最高价大约是最低价的 7 倍。该研究提醒我们，虽然我们经常在寻找最低的价格（有时还干劲十足），但我们通常不会在最便宜的商店购买（有时是故意为之）。

同一城市同一商品的价格尚且存在如此显著的差别，那么，如果各家公司付给看起来完全相同甚至居住于同城的劳动力不同的工资，就不应引起太大的惊讶。早期的证据来自约翰 · 邓洛普发表的一份令人印象深刻的表格。邓洛普是一位执着的应用经济学家，他渴望弄清楚劳动力市场的实际运行状况。他在家里和工会领袖会面的时间，和他待在哈佛演讲厅的时间差不多（不久，他成了哈佛大学经济系系主任）。林登 · 约翰逊总统任命他为劳工部部长。邓洛普最有影响的一篇文章揭示了波士顿地区参加工会的各类型货运卡车司机的巨大

工资差别。例如，1951 年 7 月，波士顿地区给“货运卡车司机”的工会工资标准是：为洗衣店运送货物的卡车司机的工资是每小时 1.2 美元，而运送杂志的卡车司机的工资就几乎翻番，为每小时 2.25 美元。我们把邓洛普的表格复制如表 1。

表 1　货运卡车司机的工会工资标准（1951 年 7 月 1 日，波士顿）

杂志	2.25 美元
日报	2.16 美元
石油	1.985 美元
建筑材料	1.85 美元
纸盒，新闻纸	1.832 美元
瓶装和小桶啤酒	1.775 美元
连锁店货物	1.679 美元
肉类罐头，3~5 吨	1.64 美元
犹太面包店	1.595 美元
批发品	1.57 美元
油脂	1.55 美元
煤炭	1.518 美元
垃圾处理	1.50 美元
通用运输	1.50 美元
零售食品配送	1.475 美元
冰块	1.45 美元
装甲车	1.405 美元
碳酸饮料	1.38 美元
废纸	1.38 美元
亚麻制品	1.342 美元
搬运钢琴和家具	1.30 美元
钢铁和金属废料	1.20 美元
批量待洗衣物	1.20 美元

注：引自邓洛普（1957 年，第 21 页）。

原始资料来源：美国劳工统计署（1951 年，第 9~10 页）。

这些数据揭示了一个实际上非常普遍的现象：工资差异非常大，而且工资差异只部分反映了技能差别。我们可以从分析工资差距到底有多大着手来探讨这个问题。姜成慧（Chinhui Juhn，音译）、凯文·墨菲和布鲁克斯·皮尔斯合写的一篇关于工资差异的经典文章，能够给我们提供部分答案。1988 年，25~65 岁的男子中，第 90 百分位的周薪（只有 10% 的人收入高于它）和第 10 百分位的周薪（只有 10% 的人收入低于它）之间的差距超过 4 倍。令人惊讶的是，如此大的差距中只有一小部分能够用受教育程度和工作经验来解释，而在通常情况下，这两者是技能差异的主要原因。即便受教育程度和工作经验相当，第 90 百分位和第 10 百分位的工资仍有 3 倍以上的差距。①

以上关于工资差距的估计，还可以进一步通过考虑技能差异的因素来调整。埃里卡·格罗森研究了 6 个不同行业中，工人从一家企业跳槽到另外一家的情况。这样，她就能够分清楚工资差异有多大比例是由于个人原因，有多少要归功于他们找到工作的运气。她发现，工资差异中的 50% 不能用工人本身技能水平的不同来解释，而和他们所在的企业有关。② 这个发现似乎有力地证实了邓洛普最初的推测：具有相同技能水平的工人确实拿到了不同水平的工资。

---

① 这些数字可能显著夸大了工资范围，因为它们没有考虑到账户测量误差。他们把 3 月当期人口调查（CPS）的附录作为数据来源，以报告中的年收入除以年工作小时数作为工资，就出现了相当大的统计误差。

② 这解释的是平均差距，并未将职业差异考虑在内。

除了技能外，工资差异还有其他原因。工作条件较差的公司一般会付较高的工资以吸引工人。本书作者之一最近碰到了一位在阿拉斯加北极圈内的锌矿工作的采矿工程师。他不喜欢每月必须有两周要住在矿上公寓里的工作安排，因为这样的话他不得不远离住在斯波坎的妻子和刚出生的女儿。他也很不喜欢阿拉斯加的冬天，但他解释说，锌矿付给他的高工资使这份工作物有所值（他还提醒我们，对于采矿工程师这一职业来说，所有其他适合的工作岗位也都在偏远的地方，条件可能只是略好一点点）。

所以，不同的劳动技能和工作条件确实和我们看到的工资差异有关，但它们不是全部的原因。威廉·迪肯斯和劳伦斯·卡茨证明，不同行业中各职业的工资水平之间有高度关联性。例如，付给经理较多薪水的行业，通常付给秘书的工资也比较多。艾伦·克鲁格和劳伦斯·萨默斯进行的一项类似研究表明，当工人从高工资行业向低工资行业转移时，其工资一般会减少；反方向转移时，其工资则会增加。① 他们还指出，工人更愿意在高收入的行业中工作，不太愿意主动离开这样的岗位。所以，低工资行业中的辞职率就高于高工资行业。这表明，高工资行业的收入差异绝不仅仅是为了吸引求职者。

---

① 需要注意的是，对美国进行的这些研究都是在工会运动较为疲弱的时期，所以工会活动不太可能是这些工资差异的主要原因。

萧条时期人们很少辞职

即使不分公司或行业地进行观察，而是从较长的时期来看，我们也会发现类似的行为。克鲁格和萨默斯所研究的工作者显然认识到了他们有多幸运，因为他们比那些低收入岗位上的人更不愿意辞职。

我们在经济周期中也能看到类似的行为。失业的效率工资理论认为，大量失业是因为企业愿意支付的工资和使劳动力供需平衡的工资之间存在很大差距。这样，当失业较多时，劳动力供给就远远超出了需求；失业较少时，找工作的人数和找到工作的人数则相差不多。所以，我们可以预期，当失业较为严重时，愿意离职的人就相对少得多，有工作的人会觉得自己很幸运。

事实上，统计数据也确实有力地证明存在这样的关系。经济学中充斥着各种不可靠的关系。国民收入和就业的最佳经济模型比那些说明天的收入是今天的收入加上一个趋势调整项（即收入随趋势“随时变化”）的预言好不了多少。我们已经看到，受教育程度和工作经验加在一起也只能略微解释周薪之间存在的差距。相反，当失业率上升时，辞职率总是在下降。辞职率和失业率之间的简单关系确实能够解释工资差别的大部分。每当失业率上升 1 个百分点，每月的辞职率就会下降 1.26 个百分点。

辞职率的这种变化表明，失业确实是由工资超出市场出清水平造成的，而这确实也符合效率工资理论的预测。按照该理论的观点，当失业率升高时，劳动力供给和需求之间的缺口也会扩大。能够拿到现行工资的在职员工认识到自己相当幸运，他们知道换一份工作也好不到哪里去，因此很不愿意辞去现有的工作。

为什么雇主支付的实际工资高于他们必须支付的工资？

效率工资理论有两种主要类型。卡尔·夏皮罗和约瑟夫·施蒂格利茨的失业理论基于企业不可能全面监督其员工这一现象。于是，员工有了选择的余地：他们可以工作，也可以偷懒。如果偷懒，他们需要冒一定风险，因为如果被抓到，就可能被开除。夏皮罗和施蒂格利茨认为：在员工拥有这种选择机会的经济体系中，一旦达到均衡状态必然会有失业。为什么？如果不存在失业，并且所有企业都支付同样的工资，员工们就没有动力好好工作。如果不存在失业，员工即使因为偷懒被开除也不会有什么损失，因为他轻轻松松就能找到一份和原来完全一样的工作。所以，雇主必须给员工一些额外的好处，防止他们偷懒。按照夏皮罗和施蒂格利茨的观点，额外的好处可以采取额外工资的形式，它高于劳动力供求均衡时的工资水平。而在供求均衡的工资水平下，每个工人都可以立刻得到一份工作。如果所有的企业都支付额外工资，就像他们在均衡状态时会做的一样，就一定存在失业。

这个版本的效率工资理论在经济学家中最为流行。正如夏皮罗和施蒂格利茨所展示的那样，该模型在数学表达形式上极为精致。在该模型中，除了经济学家认为的经济行为背后的根本动机，也就是冷酷的经济算计外，企业或员工没有其他动机。出于这个原因，该模型很大程度上也比较适合经济学学生，尤其适合研究生学习宏观经济学课堂以外的东西。根据我们的经验，夏皮罗和施蒂格利茨的模型有利于大班授课。学生和教师在课程结束时都会感到满意。学生们顿悟，他们在其他课程上千辛万苦学来的数学方法，还真可以解释紧迫的社会现实问题，他们能够解释为什么会存在失业。

我们也喜欢夏皮罗和施蒂格利茨的模型，其中包含着一些真理。毕竟，当失业减少时，旷工（偷懒的一种形式）确实会增加。

不过，成也萧何，败也萧何。这一失业理论（只取决于理性的经济动机）的引人之处，同时也是它的致命要害。为什么呢？那些自认为比夏皮罗和施蒂格利茨更聪明的经济学家指出，如果员工只在意金钱和工作的辛苦程度，雇主完全可以设计一种激励方案，使他们更加有利可图，而且不会让工资高于市场出清水平。例如，接替施蒂格利茨担任总统经济顾问委员会主席的爱德华·拉齐尔就证明，优待资深员工是另一种防止

员工偷懒的激励办法。一旦你的偷懒行为被发现，而不得不另找一份新工作，你就会失去因工作年限长而赢得的各种特权。也许更为重要的是，如果受过良好教育的员工被解雇或名誉扫地，损失就会很大。多年寒窗苦读的回报，更不用说花掉的所有学费，都会有付诸东流的危险。所以，尽管夏皮罗和施蒂格利茨的效率工资理论因视雇主和员工只有纯粹的经济动机而在经济学界颇为流行，但也有很多宏观经济学家因为这个原因而对其持相当谨慎的态度。

这把我们带到了我们最喜欢的理论，它可以解释为什么企业要支付那么高的工资，以致出现失业。我们觉得，上文描述的雇佣关系（员工只关心报酬，工作则越少越好）过于简化了。当然，我们也认为雇员很在意他们的工资，而且有时候雇员宁可偷懒也不愿工作。不过，我们认为绝大多数雇员和他们的老板之间都存在非常复杂的关系，很多时候是爱恨交加。他们希望老板可以多付一点儿工钱，也希望老板对他们的表现有更高的评价。同时，他们也有完成工作任务的责任感，这种责任感会随着他们感受到的公平程度而调整。在一个极端上，如果他们觉得受到了不公平的待遇，他们就不会有任何责任感，就会尽量干最少的活，只要能交差就行。更糟的情况是，如果感到愤恨，他们还可能破坏企业经营。在另一个极端上，如果他们觉得自己的待遇甚至超过了公平待遇（他们的工资是这种待遇的终极体现），他们就会全心全意地为雇主的目标而努力奋斗。

综合社会调查结果显示，大多数员工都表示他们对组织是忠诚的，他们拥有共同的价值追求，对能在那儿工作感到自豪，也对工作非常满意。可见，工资不仅仅是一种激励，它还是雇主和雇员之间双赢关系的一个标志。工人会按照偷懒的成本来决定努力工作还是敷衍了事。不过，这种决策同样取决于工人对自身待遇公平与否的判断。因此，雇主不得不支付公平的工资。公平的工资通常很高，以致造成失业。外部就业机会越好，或者失业率越低，员工认为雇主应付给他们的公平工资就越高。

当然，多数企业里都有很多员工，所以员工和雇主之间的沟通交流也很复杂。来自工作组织和社会组织的员工有多种相互重叠的沟通渠道。不过，员工之间这种复杂的沟通方式和员工及雇主之间的沟通一样，都会限制雇主制定工资水平的自由，也使他们不能光是坐在那里等着别人进门来申请工作。雇主在制定工资时，还必须充分考虑到新雇员的工资对现有员工的影响。过低的工资，或者论资排辈式的工资，都会降低雇员把企业目标视为个人责任的意愿。

与传统的经济学论点相比，以上关于劳动力市场的观点既简单也复杂。说它复杂，是因为雇员的动机比那些严格的经济模型更符合现实；说它简单，是因为我们认为工资至少部分取决于员工的公平感，而且他们心目中的公平工资总是超过市场出清的工资水平，而且很难一下子改变。对失业的这种解释似

乎击中了问题的要害。它简单且符合现实，而且抓住了事实的本质。特别是，它清楚明了地解释了为什么在失业率下降时辞职率会上升。

这是经济学的重要基石。如果工作岗位真的是人们关心在意的，那么宏观经济学理论就必须从解释长期存在就业岗位短缺的原因开始，而我们的失业理论确实提供了这样的解释。

第十章

为什么通货膨胀和失业会此消彼长?

我们已经看到，对于理解经济波动为何如此剧烈，美联储怎么控制经济（正如它一直在做的那样），以及为什么存在非自愿失业，动物精神理论非常必要。本章要再讲一个例子，来解释动物精神的存在，特别是其在货币幻觉和公平的相互影响中为什么重要。

在第四章讨论货币幻觉时，我们讨论过米尔顿·弗里德曼怎样打破了当时宏观经济学的一个基本信条。他之前的宏观经济学家认为，一般情况下，只要中央银行愿意忍受更高的通货膨胀率，就能够提高就业率并创造更多产出。相反，弗里德曼坚持认为，只存在一个可持续的失业率水平，他称之为“自然失业率”。这个失业率既不会使通货膨胀加速，也不会使通货紧缩减速。自然失业率理论已经成为今天经济学家的常识，被绝大多数经济学家接受。但正如你们将要看到的，我们认为这个观点并不正确。而且，它现在已经成了制定极其愚蠢的经济政策的依据。

通货膨胀对失业的反应

回顾过去，在越南战争升级之前的20世纪五六十年代，事情还比较简单。这一时期，电视剧《反斗小宝贝》正风靡一时，而经济学领域的《反斗小宝贝》就是保罗·萨缪尔森的教科书《经济学》。萨缪尔森无疑是当时重量级的经济学家。他不仅是最主流的经济学教科书的作者，还是学院派经济学家的领军人物，以及肯尼迪政府的经济政策智囊。他相信经济学已经解决了衰退和萧条这一重大问题。如果货币政策真的不好，它是无法有效地带领我们摆脱经济衰退的。不过，财政政策可以帮助我们脱离大多数陷阱。而且，还有一种好处，货币政策和财政政策如果加以灵活运用，都能够带来永久性的低失业率和高产出。低失业率是有成本的，在失业率降低到某一点之前，付出这个成本是值得的。在扩大就业所需成本（以通货膨胀上升来衡量）还未与其收益持平之前，应当一直扩大就业。通货膨胀和失业的权衡关系（菲利普斯曲线）表明，通货膨胀只有在很低的失业水平下才会涨到很高的水平，这就意味着就

业可以长期维持高水平。

这些观点最终受到了挑战，尤其是米尔顿 · 弗里德曼的质疑。他认为，这些观点是以菲利普斯曲线为基础的，而菲利普斯曲线的缺陷就是它假设存在货币幻觉。弗里德曼指出，在修正的菲利普斯曲线中，工资会随着预期通货膨胀率变动。例如，在某个失业率上，如果雇主和雇员都预计通货膨胀率为3%，而不是零，那么工资就应该正好提高3%。菲利普斯曲线把对通货膨胀的反应加入预期，这是无法得出长期内通货膨胀率和失业率之间的权衡关系的。低于自然失业率的失业率并不会使通货膨胀稳定，相反，它会导致通货膨胀加速；高于自然失业率的失业率则会导致通货紧缩加速。

走得太远

弗里德曼和萨缪尔森互为对手。萨缪尔森承认弗里德曼的确经常能击中要害，但他同时觉得弗里德曼在这些观点上走得太远了。他评价说，弗里德曼就像一个懂得怎么拼写 banana（香蕉），但却不知道应该在什么时候停下来的小男孩。当然，关于通货膨胀预期的作用，弗里德曼的理论有一部分是正确的。工资谈判和价格制定都会考虑通货膨胀预期，尤其在通货膨胀率非常高的时候，这是常识。但他教给我们的只是如何拼写 banana 罢了。

如萨缪尔森所说，弗里德曼确实不懂得何时该停下来。如果货币幻觉根本不存在，自然失业率理论就能成立。不过，在我们看来，认为工资谈判和价格制定都不考虑通货膨胀预期显然是幼稚的。同样，假定根本不存在货币幻觉也是太过天真了。对我们来说，经济中的某些方面不存在某些货币幻觉，好像不太可能。如果存在货币幻觉，它难道不会导致通货膨胀和失业长期的权衡关系（哪怕是减弱了的权衡关系）吗？这就是本章的主题。

货币幻觉的影响

自然失业率理论看起来很全面，因此极具吸引力。它的关键假设只有一个，即人们没有货币幻觉。这个假设似乎还非常有道理，至少在我们不细致思考的时候是如此。不过，我们不需要太费周折就能找到货币幻觉存在的显著例子，从而轻而易举地推翻自然失业率理论这个想当然的基本假设。比如，人们觉得削减货币工资不公平，所以工资具有向下刚性。

我们每个人身上也许都能找到这类反对工资下降的例子，这是我们对现实情况的个人体验。除此之外，也有一些统计资料可以作为证据。从工资变化的数据中很容易找到证据证明工资的向下刚性，我们要做的只是观察它们的分布。如果我们观察到工资变化全部加在一起正好等于零，而且高于零的变化数量远远多于低于零的变化，那么我们就可以得出这么一个结论，即雇主极少考虑削减员工工资。这正是我们观察到的情况。一些严谨的研究证明，澳大利亚、加拿大、德国、日本、墨西哥、新西兰、瑞士、美国和英国都存在此种工资黏性。工会的工资合同中很少有降低工资的条款。美国的工会也很少接受工资削减（除了 1982 年的衰退期外）。加拿大的一些数据极具戏剧性：在 1992~1994 年严重衰退期间，加拿大的通货膨胀率降低至 1.2%，而失业率上升至平均 11%。然而，没有通货膨胀调整条款的工会工资合同中，有 47% 包含首年工资不变的约定，只有 5.7% 的合同接受工资削减。

耶鲁大学的杜鲁门·比雷提供了一些关于货币工资黏性的定性证据。他对新英格兰州居民进行了一次深入的访谈调查，试图了解制定工资的程序。他的问题是：为什么新英格兰州的货币工资在 1991~1992 年的衰退期间没有降低？在当时失业率很高的情况下，从常规来看，任何以辞职对抗减薪的员工都极易被迅速替换掉。不过，比雷发现，即使在衰退期，雇主也不愿意降低薪水。在雇主的观念中，员工会觉得这种减薪太不公平，那样做会削弱员工的工作责任感。还有，当经济复苏时，员工可能还在生气，很可能因此辞职。比雷发现，只有极少数企业会减薪，但也一定是在发生了难以承受和连续的损失之后。在这些罕见的例子里，员工都把减薪当成公平的事情接受了。那是他们保住工作的最后办法。①

面对这些无可辩驳的证据，宏观经济学家们不太情愿地承认货币工资黏性可能确实存在。但他们中的大多数人还是认为，工资黏性只是非常次要的因素，根本不足以撼动自然失业率理论的结论。本书作者之一（阿克洛夫）曾与威廉·迪肯斯和乔治·佩里一起研究过工资黏性的影响到底会有多大。我们用一些在现实中挑选的变量，模拟了通货膨胀率从零上升到 2% 时对失业的影响。在该基准模拟中，通货膨胀率从 2% 永久性地下降为零，会使失业率永久性地提高 1.5%。我们从计量模拟和数百次其他模拟中得到了大致相似的结果，这些模拟使用的变量都是在合理范围内随机选择的。

通过粗略计算就能说明为什么会出现这个结果，而且还那么可靠。如果工人反对减薪，通货膨胀率低时他们的实际工资就会高一点（如果失业率保持不变）。在我们的基准模拟中，通货膨胀率为零时的实际工资比通货膨胀率为 2% 时的实际工

① 企业通常会拉平工资，付给具有相同职责范围的雇员相同的工资，即使其中某些人明显比其他人更加高产。这看起来似乎不合经济逻辑：为什么不奖赏那些产能较高的雇员呢？但很多企业还是坚持实行统一工资政策。它们不向高产员工支付较高工资，不只是因为这样做可能造成不公平感，还因为可能产生的“士气危机”：低收入员工的信心有可能丧失，他们的自尊会受到伤害，对雇主的忠诚度会因此降低。

资高 0.75%。其他计算方法也能得出类似的结论。① 通货膨胀率对工资所产生的 0.75% 的影响会转化成 1.5% 的失业率。我们是怎么知道的呢？在菲利普斯曲线的估计中有一个经验法则：失业率每上升 2%，通货膨胀率就会降低 1%。所以，为了抵消企业成本 0.75% 的上升，失业率必须上升 1.5%。

自然失业率理论成立吗？

如果自然失业率理论成立，它就会对货币政策产生重要影响。因为如果它正确，很低的通货膨胀目标就几乎不会引起任何损失。通货膨胀率为零、价格长期稳定的目标，就可以在不造成持久负面影响的情况下得以实现。平均来说，在长期内，失业不会受到通货膨胀目标选择的影响。

另外，如果自然失业率理论站不住脚，那么通货膨胀和失业在长期内就存在权衡关系，零通货膨胀目标就是一个糟糕的经济政策。失业率上升 1.5% 会产生重大的影响。从人口角度看，这样的提高会使美国增加 230 万失业人口，比波士顿、底特律和旧金山市区内的总人口还要多。它还会使美国的 GDP

---

① 通货膨胀率从零到 2% 之间的工资下降值，与戴维 · 卡德和迪安 · 希斯洛普提出的工资变化不对称分布中估算的工资下降值大体一致。他们得出的工资下降值比较小，这是有可能的，因为他们考察的是通货膨胀率较高时的情况，而那时工资下降值较小。

蒙受每年 4 000 多亿美元的损失。①

货币工资泄漏实情

使货币工资黏性成为自然失业率理论的潘多拉之盒的，并非只是这些模拟和计算。自然失业率理论依赖一个近乎哲学性的先验论观点，即人们并没有货币幻觉。如果证明货币工资黏性的反例不容易找到的话，这个论点似乎也说得通。正如比雷在访谈中指出的，之所以会产生货币工资刚性，其根本原因在于员工以及雇主都觉得削减工资不公平。如果在考虑公平问题时，货币幻觉能够以某种形式被纳入考虑范围（雇主不应该削减工资），那它以其他形式被纳入考虑范围也不值得大惊小怪。

本书作者之一席勒曾进行过访谈式的研究，考察经济学家和普通大众对通货膨胀的看法。结果，两类人对有关通货膨胀问题的回答大相径庭。在访谈涉及的问题中，有 4 个尤其能体现这种巨大差别。

如同我们描述过的，经济学家给出的答案都可以很容易地用自然失业率理论来解释，但要附加一个假设，即通货膨胀是由于中央银行稳定地增加货币供给造成的。在此情况下，通货膨胀对经济几乎没有影响，对工资的购买力也几乎没有影响。

① 该数字是用奥肯定律计算所得，根据这一定律，失业率每上升 1%，产出就会下降 2%。

与 77% 的普通大众相比，只有 12% 的经济学家称，通货膨胀最令人烦恼的就是：它使他们变穷了。经济学家强烈认同如下观点："雇主之间的竞争使我的工资上升。我可以接受其他雇主给出的更高工资，因此，为了把我留下，我的雇主就必须提高我的工资。"有 60% 的经济学家认为，以上观点描述了"普遍的工资和收入增加如何与我自身的情况互相关联"，而持此观点的普通大众只有 11%。

经济学家和普通大众对通货膨胀的担忧程度也有非常明显的差异。与 86% 的普通大众相比，只有 20% 的经济学家同意以下说法："当我看到关于未来数十年大学教育费用和生活成本会提高多少倍的预测时，我就颇有生活艰辛之感：这些通货膨胀的预测确实使我担心，我收入的增加赶不上生活成本的提高。"经济学家和普通大众对如下表述也有不同的反应："我觉得，如果我的收入提高，我就会从工作中得到更多满足感，即使价格也同比上升。"对此，有 90% 的经济学家表示不同意，而不赞同这一观点的普通大众只有 41%。

经济学家们的反应可以用自然失业率理论来解释，而普通大众的反应似乎也不难解释：他们认为，工资增加是因为老板一直想要奖励他们。而他们并不知道，他们的工资至少有一部分反映了通货膨胀转嫁到他们身上的影响。这可以解释为什么他们认为通货膨胀会使他们变穷，为什么他们不觉得竞争或老板的公平意识能够调整通货膨胀，为什么他们会担心是否能付得起子女将来的大学学费，为什么他们会对工资与通货膨胀同步上涨感到满足。

权衡关系的进一步解释

我们并不能肯定员工有此种货币幻觉，但至少有一些证据表明，经济的确是依此运行的。这些证据表明了通货膨胀和失业之间存在权衡关系的另一个原因（并非对于削减工资的抵触）。如果员工们真的认为工资上涨能够赶上通货膨胀，他们就能获得额外的满足，那么在较高的通货膨胀水平下，雇主只需要按较低购买力付出较少的钱给员工，就能让员工保持这种满足感。在这种对雇主非常有利的条件下，企业就能够节约劳动力成本。随着通货膨胀率的上升，经济体可以承受的失业水平就会下降。

一些证据表明，在通货膨胀水平较低时，工资谈判确实存在这样的货币幻觉。但是，一旦通货膨胀加剧，工资谈判就会考虑通货膨胀预期的因素。[①] 这种论点在实际经验中是怎么体现的呢？表面看来，预期通货膨胀率接近零并不会引起工资的

---

① 人们形成通货膨胀预期的一种简单而又自然的方法就是，对过去的通货膨胀率进行加权平均。在这种情况下，从菲利普斯曲线上以往通货膨胀率的加权总和可以看出自然失业率在多大程度上是成立的。如果相关系数之和等于 1，则随着预期通货膨胀率的上升，工资将上升相同的幅度。如果相关系数之和小于 1，则工资增长低于预期通货膨胀率的上升。

上涨。但是，当通货膨胀高企时，预期通货膨胀就会被一一对应地加到工资上涨中。① 它也和如下观点一致：当通货膨胀水平不高时，雇员们不会认为雇主要在工资中加入通货膨胀调整才算公平；而当通货膨胀加剧时，他们就觉得雇主应该加入通货膨胀调整。②

我们应当承认，估计通货膨胀预期对菲利普斯曲线的影响方式是很困难的。不过，经济政策的制定必然要在不确定性的环境中进行。我们对自然失业率理论的质疑并不在于理论本身。我们认为，该理论确实提供了正确的观点：工资和价格的制定都受通货膨胀预期的影响。但我们高度怀疑，这些通货膨胀预期是否会精确地、不变地、一对一地影响工资和价格的制定。我们的模拟和估计显示，上述影响关系仍存在很大疑问，在低通货膨胀时期尤甚。

以上讨论让本书作者之一阿克洛夫想起了 40 多年前的往

① 利用菲利普斯曲线分别估计高通货膨胀时期和低通货膨胀时期的情况，结果显示：过往通货膨胀率的加权总和在低通货膨胀时期接近于零，而在高通货膨胀时期接近于 1。如果通货膨胀预期是近期的过往通货膨胀率的加权平均的话，那么把通货膨胀预期完全传导到工资，我们可以预计权数之和为 1；如果通货膨胀预期不能传递到工资上，可以预计权数之和为零。这种对于高通货膨胀和低通货膨胀时期估计的差异，也可能是使用不同的计量经济模型造成的。

② 此处的资料似乎说明，比起低通货膨胀时期，在通货膨胀率较高时工资变化更加取决于滞后的通货膨胀率。不过我们还是要提醒大家，菲利普斯曲线非常难估计。这些估计会有误 差是因为存在一些系统性的问题。但是造成误差的原因很难查明，也许根本就不可能查明。例如，在低通货膨胀而非高通货膨胀时期，滞后的通货膨胀率对于通货膨胀预期也许只是一个干扰项。

事。1964 年春天，他在麻省理工学院选修萨缪尔森的货币理论课程。萨缪尔森说，艾森豪威尔总统的经济顾问委员会成员雷蒙德 · 索尔尼尔曾提出以下建议：在短期，以高通货膨胀率为代价来实现低失业率是可行的。但当通货膨胀发生时，人们对通货膨胀的预期就会上升，所以为了维持低失业率，就必须有更高的通货膨胀。这个建议听起来应该很熟悉，只不过讲授者是萨缪尔森，而不是弗里德曼。

然而，该论点的结束语并没有让我们联想到弗里德曼。萨缪尔森总结说，尽管这个建议颇为诱人，但它未必能描述世界的真实运行状况。如果货币和财政当局照此操作，而它又不符合现实的话，我们就将永远处于高失业状态中。萨缪尔森考虑的是大规模的失业——失业人数堪比波士顿、底特律和旧金山的总人口，我们在前文中也已经提到过这一点。我们看到，即使在 40 年后的今天，这番推理依然极具说服力。

有很多理由可以证明自然失业率理论未必站得住脚。工资和价格制定都需要考虑各种货币幻觉和公平因素，而考虑这些是和自然失业率理论的假设相悖的。因此，我们不应该不加鉴别地全盘接受。

到北方去

我们只需要去北方的国家加拿大，就能看到萨缪尔森的忧虑成真的实例。加拿大的实例说明，否定通货膨胀和失业之间的权衡关系对经济的影响非同小可。美国经济在 20 世纪 90 年代蓬勃发展，但加拿大却经历着“加拿大大衰退”（加拿大的著名经济学家皮埃尔 · 福廷给它起了这个名字）。1996 年，福廷比较了这次衰退和 20 世纪 30 年代大萧条时的情形。他测量了两次萧条时期劳动年龄人口中受雇用部分从顶峰累计下降的幅度。至 1996 年，加拿大经济累计下降了 30%，与 30 年代大萧条时的经济下降幅度不相上下。福廷在 1996 年说，这次萧条还没有糟糕到大萧条的程度。而实际上，它比大萧条更深入，持续时间也更长。福廷当时并没有料到，还需要再经过 4 年多的时间经济才开始复苏。

福廷把问题归结在什么地方了呢？他列出了可能导致衰退的原因清单，如贸易、财政政策、最低工资和限制性货币政策等。很快，他就排除了其他原因，只留下了一个：加拿大银行的限制性货币政策。1987 年，加拿大人为它们的中央银行选出了一位新行长——约翰 · 克罗。克罗出生在伦敦，毕业于牛津大学，后来在国际货币基金组织工作了 12 年，然后转到加拿大银行的研究部任职。之后他在加拿大银行一路晋升，先后任研究部副主管、研究部主管、行长助理和副行长。在克罗接任行长时，加拿大的通货膨胀率是 4.8%。他十分慎重地接受了银行委派的任务：保持物价稳定。克罗是自然失业率理论和央行有能力降低通货膨胀信条的忠实信徒，而且他也成功地完成了此项任务。1993 年，加拿大的通货膨胀率降到了 1.8%，但成本高得吓人。失业率达到了大萧条以来的最高点，1992 年时这一数字高达 11.3%。

但是，克罗对他所做的一切感到非常自豪。他认为，为低通货膨胀付出的成本是暂时的，而其好处则是长久的，因为人们的预期会发生改变。克罗极力为他的政策辩护，以至于加拿大媒体称他“好斗”并且“粗鲁”。1994 年，彬彬有礼、和蔼可亲的戈登·泰森接替克罗担任加拿大央行行长。但是，他和克罗“师出同门”，他延续了之前的低通货膨胀目标政策，并且实行了 7 年之久。

这个故事是一个警示：现在的人们太相信自然失业率理论了。在过去 25 年里，美国实行了合理的货币政策，它在价格稳定和充分就业这两个目标间小心翼翼地维持平衡。不过，我们非常担心将来美联储的理论家们不会只把自然失业率理论当作一个有用的寓言故事，他们会认为价格稳定就是零通货膨胀，并把它当成自己的职责，进而忽略实现零通货膨胀目标所耗费的巨大成本。只要还有人信仰这个只有部分正确的理论，就足以造成“美国大衰退”。

我们担心未来会出现这种情况，这种担心是我们写作本书的主要动机之一。如果自然失业率理论真的在美联储占了上风，我们希望美联储主席及其成员能够更像克罗而不是其继任者泰森。我们期待他不要总是那么彬彬有礼。

第十一章

动物精神如何影响了你的储蓄

如果在课堂上和学生们讨论他们将来打算积攒多少钱，我们就能看到，为将来储蓄多少这一非常重要的决策会在多大程度上受动物精神的影响。

我们问学生：“为什么不把你们收入的30%或更多储蓄起来呢？”这看起来是个惊人的问题，因为美国的人均储蓄几乎为零。但令人吃惊的是，并没人反对这个问题，学生的一般反应是，这个储蓄率应该不会让他们牺牲太多。他们发现，他们的消费和早在15年或20年前已经毕业的人的全部所得差不多，因为实际收入大概每年增长2%，而且他们也看到过去的人们生活得和现在一样好。

问题的关键在于，他们好像都不在乎要储蓄多少，这就给动物精神干预储蓄水平留下了巨大的空间。储蓄水平对经济至关重要。短期来看，外在因素导致期望储蓄率上升仅仅几个百分点，就足以把经济拖入衰退，我们可以在金融危机中看到类似的现象。长期来看，它会造成累积财富的巨大差异。在这个意义上，动物精神对储蓄的影响是我们理解经济波动和未来增长前景的出发点。

长期后果和复利的威力

致富可以有很多办法：发明传真机；赢得全球大部分计算机操作系统的市场份额，获得近似垄断的地位；买下一个因开采成本过高而倒闭的金矿，然后坐等黄金价格涨到每盎司1 000美元；做全美最好的外科医生；做实习律师，打赢一个集团诉讼大案；继承一大笔遗产……确实有人做到了这些事情，但对于大多数人来说，这些致富的道路以及其他类似方法，都是因为侥幸才获得了成功。

不过，有一个办法几乎可以使每个人至少达到中等富裕水平（至少在以前是这样），这个办法就是存很多钱，把它长期投资于股票市场，经过通货膨胀调整后其年均收益率约为7%。

以斯特凡诺和乌尔里克的储蓄计划为例：他们在20来岁的时候，每年攒10 000美元，连续10年。他们把攒下的钱投入股票市场，以备退休之需。即使他们在今后的工作期间再也不储蓄一毛钱，到退休时他们仍可以过得很舒服。如果股票市场的表现和20世纪的平均情况相当，他们在65岁时将拥有300多万美元。当然，如果30岁以后还继续储蓄，他们就会更富有。

我们关于斯特凡诺和乌尔里克的假想实验，隐含着伟大的保守派经济学家马丁·费尔德斯坦的经济学理论的关键要素。费尔德斯坦的人生理想就是让每个人以及整个国家都更多地储蓄。由于复利的奇妙作用，只要稍微牺牲一点儿眼前的消费，不断进行储蓄，特别是在年轻的时候，退休时你就会收获完全不同的境况。

其实，本书作者之一阿克洛夫就是费尔德斯坦智慧的直接受益者。20世纪70年代，助理教授们一到哈佛大学，学校就立刻给他们的退休账户缴存资金。但只有在受益人填写了投资说明表后，账户资金才会产生收益。这个简单的任务只需要半小时就能完成，但费尔德斯坦观察发现，多数助理教授都是在五六年以后他们离开哈佛大学时（只有少数几位助理教授能够得到终身教职）才填写这份表格。阿克洛夫的妻子珍妮特·耶伦在20世纪70年代就是哈佛的助理教授。因为她听取了费尔德斯坦的劝告，结果仅这些年来利息的自然增长，就使他们多得到了15 000美元。对于只需半小时的工作来说，那是相当不错的回报，也让我们见识到了复利的威力。

不过，当我们和年轻的学生讨论复利的威力时，他们的眼神暗淡无光。他们明白储蓄和复利或许可以让他们的退休生活更加美好，但又无法想象退休后的生活究竟会有什么不同。他们对老年生活毫无概念，更不知道那时他们想要消费什么。

如果他们存了很多钱，就可以给子孙们遗留一笔财富，但他们还是很不明白子孙们拿这些钱干什么。这些财富会给他们的子孙创造巨大的机会，还是把子孙们变成纨绔子弟？如果是后者，储蓄又有什么意义呢？他们的子孙会把他们视为英雄，还是根本就不会念及他们？

我们的学生好像从未考虑过复利的威力在长期中能够给他们带来的各种可能，当我们提醒他们这些事实时，他们无法理解，也给不出应该储蓄多少的确切答案。他们好像根本就没有弄清楚储蓄的最终目标就是为将来做准备。经济理论家认为，人们会通过计算来权衡当前利益和未来利益，而这些可爱的年轻人在此类讨论中的表现则说明，将人们的储蓄行为模式化为对当前利益和未来利益的计算与权衡是多么荒谬。

如果这些年轻人无法理解储蓄的基本经济成本和收益，他们将会从别的方面——动物精神——寻找应该储蓄多少的答案。因而，这些答案都和动物精神理论中的以下元素有关：信心、信任、各种警示和恐惧，以及人们讲述的关于现在和未来生活的故事。

储蓄的易变性

各国的储蓄率差别很大，这并不值得大惊小怪。有些国家的净储蓄达到其国民收入的 1/3，有些国家则为负数。美国的个人储蓄率在 20 世纪 80 年代初约为 10%，但近年来已经降至负数。伴随储蓄率的大幅下降，美国消费者破产的案例大幅增加，而这显然和不断下降的储蓄率有关。个人退休后的财富也有极大差别，主要也是因为储蓄倾向上存在巨大差异。

目前关于储蓄的标准经济学理论很难解释储蓄差异。按照标准理论，人们会在储蓄和消费之间进行权衡取舍，以达到一个精确的平衡。无论何时，人们都会权衡今天多消费 1 美元带来的收益和暂不花费带来的未来收益。如果储蓄，他们就可以在将来消费这 1 美元及其带来的利息，享受到消费这笔钱带来的更多预期收益。我们会看到，在某些情况下，这一理论是有用的，因为它确实反映了储蓄的某些真实动机。不过，我们也会看到，该理论违背了很多有关储蓄的事实。尤其是，它完全回避了储蓄的易变性谜团：为什么储蓄对一些细微的暗示和制度变化这么敏感？为了理解这个问题，我们必须给现有理论做一些补充。

我们认为，储蓄只是标准经济学理论阐述的基本经济动机的部分后果。人们希望退休后有一笔积蓄，想给孩子们留下一点儿遗产，或者给他们的教堂甚至母校一点儿遗赠。不过，标准经济学理论并未解释储蓄的诸多细节。为了理解这些具体的细节，我们必须明白，储蓄取决于我们讲述的关于现在和未来生活的故事，即取决于消费和储蓄决策是在什么情景下做出的。情景决定了人们对以下问题的回答："我应该再储蓄1美元（或者1元，或者1个第纳尔），还是应该把它花掉？"这些故事和情景都在不停地变化，动物精神的各种元素也就被带入了储蓄决策。

情景在很多方面都会产生影响。比如在购物中心，人们不假思索地用信用卡购物，但如果稍微思考一下，其中很多东西是本不应该买的。我们也可以在经济实验中看到它的影响，尤其是那些专门用来准确说明不断变化的心理状态如何影响人们的消费和储蓄决策的实验。我们可以在各国的消费差异中看到它的影响，如美国和中国的消费差异。我们还可以从美国个人破产案例越来越多的趋势中看到它的影响，破产也越来越不被看成个人失败的标志了。

情景的重要性有一个通行的解释：人们很难知道要积攒什么，也难以想象在遥远的将来自己会是什么状况，需要消费多少。他们甚至会认为，考虑到自己的身份，思考这些问题并不合适。所以，人们在做储蓄决策时，很容易受到各种暗示的影响，这些暗示告诉他们应该消费多少、储蓄多少。这些暗示来自他人的行为和看法。例如，他人的行为可能暗示，作为爱国的美国人或中国人，应该消费多少或者储蓄多少。这些暗示还来自我们对不同年龄段和不同环境中的人们应该持有的想法的认知。如果一个人年纪轻轻就在考虑遥远的将来，我们通常会觉得有点古怪。这些暗示还可能是直接的，就好像一手拿着信用卡，它似乎在喊“来消费！来消费”；另一手拿着退休金计划的缴费单或分配条款，它们似乎在提示应该储蓄的数额和方法。

人们做出储蓄决策的盲目性和他们对各种暗示的敏感性，共同造成了储蓄的易变性。很多政策建议都是建立在标准储蓄理论，也就是基本经济学原理基础上的，根本没有提到这些暗示，所以这些政策建议常常是错误的。

经济学家赫什·谢弗林和理查德·塞勒用一个实验论证了这种想抓住救命稻草的倾向。他们问实验对象，如果在以下三种可能的情形下，他们得到了一笔一次性的意外之财（2 400 美元），他们会怎么花掉它？

第一种情形是，额外收入是一笔新发放的工作奖金，它将通过下一年里每月发 200 美元的方式发放。中位实验对象说每个月会花掉 100 美元，总共花 1 200 美元。第二种情形是，额外的 2 400 美元在当月一次性发给个人，中位实验对象说会立刻花掉 400 美元，接下来的 11 个月每月再花 35 美元，所以总共花掉的只有 785 美元。第三种情形是，继承一笔 2 400 美元、期限为 5 年的可转让生息存款，5 年后可以得到 2 400 美元本金以及各年的利息（所以该笔遗产的现值仍然是 2 400 美元），中位实验对象回答说，今年不会动用这笔遗产。[1]

---

① 对美国家庭进行的消费支出调查数据证实，美国家庭将股息用于消费的比例高于资本收益中用于消费的比例。

合理的经济理论应该隐含这样的结论：在所有三种情形下，实验对象把这笔意外之财用于消费的比例应该都是一样的。谢弗林和塞勒认为，上述结果证实了人们会把收入或财富放在不同的“心理账户”（在本例中，是当前收入、资产和未来收入账户）中，并以极其不同的心理来看待这些账户，与这些账户相对应的消费行为也差异极大。他们想要消费多少的决策高度依赖于他们依据什么情景来回答“我应该存多少钱”这个问题。

从上述结论得出，环境和观念显然都对储蓄决策至关重要。其实，如果考虑心理情景，我们就能推测我们的学生和哈佛的助理教授脑子里的真实想法。他们的储蓄行为其实反映出了他们对未来自己会成为什么样的人的看法。想想新到岗的哈佛助理教授，他理所当然地对终于完成博士学业颇感自豪，现在他在世界最顶尖的哈佛大学工作。他脑子里最初全都是实现那些将其带入哈佛大学的期望，而不是填写一份关系到他遥远的退休生活的表格。我们的学生脑海深处也有类似想法：他们非常乐观地认为自己将来会取得成功。按他们当时的心理情景，思考储蓄率会让人觉得他们有些不对头。对他们来说，在职业生涯还未开始之前就考虑未来的退休问题并不合适。

其他研究也证实了储蓄决策的易变性，以及储蓄决策对储蓄量相关的各种暗示的敏感性。塞勒和施洛默·贝纳茨设计了一个储蓄计划来克服员工的拖延倾向。他们称之为“为明天多储蓄”计划，并将其付诸实施。被邀请加入该计划的雇员可以事先选择当前工资和未来的提高部分的一部分，作为储蓄金额。塞勒和贝纳茨仔细分析了该计划对一个中等规模的制造企业的影响。即便是这样一个小小的推动，也引起了储蓄的很大变化。员工们选择从当前收入中拿出相对较小的部分用来储蓄，但他们承诺要把未来工资和收入增长的较大部分用来储蓄。结果，平均储蓄率短期内就翻了一番。

另一个现象也指出了缴费和储蓄决策情景之间的关系。享受税收优惠的 401（k）计划的相关规定在 1998 年被修改了，这在很大程度上得益于行为经济学家的吁请。当时，美国国会允许企业自动让员工加入储蓄计划并以默认的标准缴费，但员工有权通过填写一张表格拒绝加入。从那以后，越来越多的美国公司采用该办法。在自动加入计划的推动下，员工加入的速度快了很多，所以符合条件的员工参加该计划的比例也从 75% 上升到了 85%~95%。最为突出的是，多数员工都按照默认的比例缴费。他们好像并不知道应该存多少钱，索性让默认的选项来替自己决定。

安娜 · 玛丽亚 · 卢萨迪和奥莉维亚 · 米切尔进行的一项研究发现，人们的储蓄决策十分缺少计划性。因为几乎没有计划，所以储蓄决策对于人们该怎样做、不该怎样做的一些暗示非常敏感。卢萨迪和米切尔在“美国健康和退休调查”中增加了一个关于退休计划的板块。该调查从 50 岁以上人口中随机抽样。令人诧异的是，虽然这些调查对象年纪都已经不小，事实上其中多数人都已退休，但只有 31% 的人说他们或其配偶曾试图制订此类计划。在这 31% 的调查对象里，又只有 58% 表示他们曾制订过此类计划。只有如此少的人，尤其是老人，肯不怕麻烦花费时间和精力，为支撑他们大部分的成年生活制订计划。这的确是一种异常现象。毕竟，退休生活通常要持续很长时间。按照现在的预期寿命，50 岁的男子有 48% 的概率活到 80 岁，而 50 岁的女性有 62% 的概率再活 30 年。女性活到 90 岁也很常见（26% 的概率）。

传统的储蓄理论为什么有误？

以上所有事实，包括储蓄的随意性、不储蓄、储蓄对情景的敏感性，都明显不符合经济学家宣称的储蓄决策理论。

凯恩斯认为多数人根本就没思考过他们应该储蓄多少。他认为，人们只是自动对其收入变化做出反应：人们有一种倾向，作为一种规则，一般来说，当收入增加时消费也增加，但不会像收入增加得那么多。这个消费观点和本章集中讨论的储蓄易变性难题并不冲突。其实，凯恩斯小心插入的这句“作为一种规则，一般来说”，似乎恰恰承认了我们所说的储蓄决策并不精确这一事实。但在凯恩斯之后，经济学家关于消费的观点开始僵化，储蓄是理性最优决策的结果这一假设又重新回到了经济学中。经济学家也在寻找更加精密的模型，以便在这些模型的基础上开展计量研究。从出现最优控制和动态规划理论开始，他们就发展了如下观念：个体会精确地在不同时间点的消费支出利益之间寻求一个最佳平衡点。现在，不论在宏观经济学中还是其他经济学分支中，它都是基本的研究范式。

当然，因为人们确实有储蓄的经济动机，储蓄才会发生。考虑了经济动机而将其他因素排除在外的理论，也能够准确合理地预测最容易观察到的一些消费特征。这就是生命周期中的消费行为理论。该理论成功地预测，美国以及其他地方的大多数人通常会在年轻时储蓄，为将来积攒资金，供老年以后消费。即使对本章所研究的最随意的计划者来说，这也不是什么让人吃惊的发现。即使是拙于规划的储蓄者，其行为背后也存在某些合理性，足以解释这些储蓄模式。不过，标准理论似乎对储蓄为什么如此易变只字未提。在某些主要的方面，它要么不完备，要么不精确。

同样引人注意的是，因为标准的经济理论框架假设储蓄决策是最优的，所以它不能用来分析某些我们最关注的储蓄问题。按照假设，如果人们的储蓄决策是最优的，那么不论遇到什么情况，他们一定会储蓄合适的数目。然而，这一假设本身就忽略了这一问题。按照我们前文的描绘，人们并不会认真思考他们的储蓄行为，其储蓄决策在很大程度上受各种制度和心理状态的影响。一般来说，结果就是多数人储蓄不足，这就使他们的老年生活缺乏经济保障。

当然，储蓄不足在多数发达国家是一种普遍现象。在美国的一项调查中，76% 的受访者表示，他们的储蓄还不够。另一项调查问了两个问题，一个是“你储蓄了多少”，另一个是“你认为应该储蓄多少”。两个问题的答案大约有 10% 的差距（相对于收入），这说明人们认为他们应该储蓄得更多一些。为了弥补不足，多数发达国家的政府都大力补贴老年人退休后的生活。此外，大量雇主都要求雇员缴纳养老金，并为其提供资助。很多类型的储蓄还可以享受税收优惠政策。但是，尽管有这些养老支柱，人们一般还是认为，家庭的金融资产仍然远远低于维持退休后消费所需的水平。

其实，这些问题也是国家政治问题的核心。小布什政府的很多重大提案未曾遭遇过太多反对，直到它试图将社会保障体系私有化之时，才第一次遭到公众的反抗。约瑟芬·普布里克可能不是优秀的理财规划师，但她至少大体知道在她年迈时对社会保障的依赖有多重。布鲁金斯学会的加里·贝特里斯试图研究人们对社会保障的实际依赖程度。他把 65 岁以上（含 65 岁）的人口按收入分成了 5 个等分组（每组包括 20% 的人数）。在每个收入水平，前 4 个等分组（0~80% 的人数）的非工资收入中有一半以上来自社会保障体系，前 3 个等分组中这个比例更高。大多数人依靠社会保障生活，这说明了为什么人们强烈反对政府提出的私有化建议，以及为什么社会保障计划如此受青睐。人们依靠它，是因为他们自身的退休储蓄太少。

本书作者之一阿克洛夫的个人经历也可作为注解。他曾经是 2004 年克里竞选团队的经济顾问小组成员。选举之前，该小组每两周召开一次电话会议。从第一次直到最后一次会议，阿克洛夫都坚持认为，克里应明确表示支持社会保障体系维持现状。到最后，担任奥巴马总统主要顾问的奥斯登 · 古尔斯比开玩笑说："现在我们会收到乔治的来信，他说克里应该向公众煽动社会保障的话题。"但克里并没有抨击小布什的私有化方案，因为他自己根本设计不出一个计划来保持目前的收益规则，除非进行外部注资。我们当时其实已经意识到这个问题，但我们觉得那并不重要。根据布鲁金斯学会的研究结果，要保持现在的社会保障水平，须花去应税收入的 2%。当时我们认为（而且现在还这样认为），克里的措施让他付出了竞选失败的代价。

储蓄与国民财富

我们已经讨论了个人的储蓄决策、为什么储蓄具有易变性，以及它对人们退休后的幸福有多重要等问题。不过，关于储蓄还有另一个重要问题。国家的财富有巨大差异，如果按人均收入来算，最富的国家和最穷的国家间有 200 倍的差距。如果把卢森堡和布隆迪也算在内，差距接近1 000倍。[1]国家的收入和财富取决于各国的贸易自由度、人们的技能、地理位置、现在和历史上的战争以及政治和法律制度等。最近，经济学家们一直强调技术变化作为经济增长主要决定因素的作用，但古典经济学家（如亚当·斯密）强调的是来自储蓄的资本积累。

即使在今天，有些国家（尤其是在东亚）依旧尊崇亚当·斯密的观点。它们采取储蓄战略来摆脱贫困，[2]其中最突出的例子是新加坡。1955年，新加坡开始实行中央公积金制度（CPF）。它与塞勒和贝纳茨的“为明天多储蓄”计划类似，不同的是，担任决策者的是政府。起初，它要求雇主和雇员分别按照雇员收入的5%缴纳公积金，但后来缴纳率迅速提高。1983年以前，缴纳率持续上升，雇主和雇员都被要求缴纳雇员收入的25%（加起来是50%）。缴纳率根据一个复杂的明细表得出，但即使到现在，25~50岁高工资雇员的缴纳率也达到34.5%，其雇主则需要缴纳20%。该体系并非现收现付，而且集中起来的资金也确实用在了投资上。很大程度上得益于中央公积金制度，新加坡的总国民储蓄率数十年来一直在50%左右。

该制度的制定者李光耀曾长期担任新加坡总理，他或许可以称得上是20世纪最伟大的经济思想家之一。他创造的高

① 未按购买力平价调整，卢森堡的人均GDP是布隆迪的897倍（美国中央情报局，2008年）。

② 人们早就认识到，各国历史上国家储蓄率和经济增长率之间存在强烈的相关性（以各国的相关系数衡量）。

储蓄经济已经成了中国经济发展的榜样。中国实现了新加坡式的储蓄成就，同时也实现了新加坡式的连续数十年的高速经济增长。中国和美国在储蓄上的差异，正好是储蓄行为的两个极端，这能够说明为什么各国的储蓄行为存在这么大的差别。所以，两国的储蓄者对待消费和储蓄也持有不同的态度就毫不奇怪了。

中国曾有着世界最高的储蓄率，只是近来才被新加坡和马来西亚超过。中国从 20 世纪 80 年代以来取得的奇迹般的经济成就，多半也要归功于高储蓄率。[①] 中国的总储蓄（含贬值）包括个人储蓄、企业储蓄和政府储蓄（政府的税收超过支出部分的储蓄）的总和，近年来达到了 GDP 的一半。20 世纪 90 年代，中国的个人储蓄总额超过了 GDP 的 20%，今天仍保持这一高水平。

美国政府和中国政府数十年来都致力于推动个人储蓄。从 20 世纪 50 年代以来，美国就用一些专门的税收激励来推动储蓄，如个人退休账户，401（k）和 403（b）计划，以及储蓄债券运动等。

早年的中国没有所得税，因此采取宣传动员的形式激励储蓄。现在，人们还收藏着过去的宣传画。一张 1953 年的宣传

① 在标准的增长核算中，总储蓄对 GDP 增长的贡献是“资本份额”（通常介于 1/4 到 1/3 之间）和资本存量增长率的乘积。如果资本产出比率是 3，总储蓄率是 1/3，资本存量就会按照 1/9 的比例增长，储蓄对 GDP 增长的贡献就是 1/27。

画展示了一群幸福地微笑着的工人在中国银行把现金换成了国库券。1990 年的宣传画上，年轻而英俊的英雄雷锋，微笑着在一个钱盒子上写下“储蓄”二字。20 世纪 90 年代，街道上悬挂的大红横幅上写着“储蓄光荣”。这些活动使储蓄成为每个人的爱国义务，为今天中国的高储蓄率打下了坚实的基础。

中国的现代经济史开始于毛泽东主席去世两年后的 1978 年。在中共第十一届三中全会上，邓小平发表了著名讲话，他明确表示政府应鼓励私人投资。中国的经济奇迹时代从此开启。

中国的一些小村庄（如华西村和刘团村）在 20 世纪 70 年代末极其成功地投资创办了村办企业。村办企业的成功使这些村庄成了全中国的样板。在这些村庄里，以对村办企业贡献劳动和资金形式出现的储蓄实际上是村里的老人们要求的。我们曾经派一个学生吴迪到刘团村去访问村长邵长学。[①] 我们想知道村庄的领导人如何鼓励人们做出贡献，进而推动村庄的经济发展。邵长学领导这个村庄数十年，在此期间，刘团村从一个贫穷的公社转变成全中国的节俭和创业模范。

邵长学的刘团村模式始于 1972 年他自己经营的金属铸造作坊，这在当时是不合法的。改革使这个作坊式企业合法化后，邵长学在 1982 年把它交给了村里，村民们成了企业的股东。吴迪问他为什么要把已经很有价值的企业交给村子，这位

① 以下信息来自吴迪的访谈。

村长回答说：“这么做有几个原因，最重要的原因就是我不想在村民面前表现得过于突出。如果他们都很穷，我却比较富，我会觉得不好受。我也希望在村民面前表现得好点儿，我不能在别人都很穷的时候独自过好日子。”

吴迪注意到邵长学的屋外停着一辆宝马765，他就问村长这车和他的观念怎么能够一致起来。他回答说：“实际情况是，我给儿子买了这辆车。此外，我敢说很多村民都买得起像宝马这样的汽车，他们只是不买罢了。我们老年人真的不喜欢买那些贵的东西，像你这样的年轻人才想要那些名车和名牌衣服。我们这辈人还是受到节俭、与困难做斗争的传统精神的影响。”

吴迪问他是否曾经提出过爱国主义或集体主义的要求，号召村民们给企业做贡献，这位村长回答说：“确有此事。我基本上有三个理由。第一，国家在变化。邓小平打开了国门，我们要做的事情就是改变这个国家，让它变得更美好。第二，我告诉他们，村办企业对村子本身有好处，对每个人也都有好处。第三，我告诉大家，我偷偷地经营这个企业已经10年了，懂得应该怎样经营，所以他们可以完全信任我的管理能力。”“他们信任你吗？”“是的。我很感激他们信任我。刘团村的每个人都是好人。他们热爱自己的国家和自己的村庄，也愿意不遗余力地使它变得更美好。”

从这些先驱开始，从像刘团村这样的小村庄的启示里，一个国家的故事、一个关于个人奋斗和贡献的故事开始占据中国人的想象。这些奋斗和贡献都源于个人动机，但它们也受到了共创中国未来美好的爱国情绪的推动。人们感觉到，一个重大的历史新纪元已经开启，它终将把中国再次推上人类成就的巅峰。中国将重回若干世纪前所处的地位，每个人都会通过自己的贡献赢得尊敬。有朝一日，他们会满腔自豪地将奋斗和贡献的故事讲给子孙后代听。

购物中心和信用卡

在美国，我们会看到完全不同的景象。美国关于购物中心和信用卡的情形说明了美国人对于储蓄的漫不经心，正好和我们在中国看到的相反。美国人对信用卡的热衷用一个简单的统计数字就足以表明：美国人持有的信用卡超过 13 亿张。这不仅仅是一个庞大的数字，它意味着美国的每一个男人、女人和儿童都持有 4 张以上的信用卡。而在中国，人们总共只持有 500 万张信用卡。

一些经济学家认为，信用卡消费是美国储蓄率下降的一大诱因。让我们看看实验证据。普渡大学研究消费和零售的教授理查德 · 范伯格通过研究发现，实验对象在接收到拥有信用卡的暗示时，他们会明显加大消费数量，而且决策速度也更快。范伯格总结说，人们已经习惯于把“信用卡和消费联系在一起”。在另一项实验中，德拉任 · 普雷莱茨和邓肯 · 西梅斯特向 MBA 学员们拍卖波士顿本地体育比赛的门票。一种情况是用信用卡支付，另一种情况是用现金支付。实验的设计保证了两种支付方式在便利方面的差别微不足道。在用信用卡支付的情况下，MBA 学员们多消费了 60%~110%。

这些实验结果富有启发性，但仅靠它们，我们很难在统计意义上证明信用卡使用的增加是储蓄下降的诱因。储蓄的下降和信用卡使用的增加并不完全对应。但在经济总体上，很多预计会影响消费的其他因素确实在信用卡使用增加时发生了。例如，20 世纪 90 年代和 21 世纪初，股票价值和私人房产价值大幅上涨，人们预计这会抑制储蓄。还有，信用卡债务上涨的很大部分可以用分期付款的减少来解释。所以，我们可能永远都不知道信用卡在多大程度上直接造成了美国的低储蓄率或储蓄率的下降。

不过，即使信用卡并非直接原因，它们也确实反映了美国人的一些特点，这些特点必定是导致低储蓄率以及储蓄率不断下降的主要原因之一。对信用卡和购物中心的热情从更广的角度昭示了美国人对自己是谁、应该怎样行动的认知。①

美国的国家认同感在于，美国人对美国作为世界上最发达的资本主义国家而感到自豪。在第三章，我们提到了资本主义

① 戴维·莱布森等人认为，人们对自己的储蓄“似乎有两种认知模式”。他们对退休储蓄（以流动资产形式持有）和信用卡债务有不同的心理账户。这有助于解释为何在信用卡利率比退休资产可赚得的利率还高的情况下，人们的信用卡债务还是迅速增加。

的双重本质：在资本主义经济体系中，生产者不仅通过出售消费者想要购买的东西来获利；他们还会激发消费者的购买欲，出售那些不得不出售的东西，以此来获利。在对资本主义的认同上，美国人觉得，接受由资本主义提供并促使自己购买的东西是理所应当的。因此，他应该有一张信用卡。如果在商场看到合乎心意的东西，就不应该拒绝使用信用卡。这就是资本主义的全部含义，也是做一个好美国人的全部意义。在这种价值观的支配下，美国居民拥有这么多的信用卡或者说美国的储蓄率这么低，并不令人惊讶，它与这些信用卡本身是不是消费的直接动机无关。

一个不寻常的事实似乎也支持上述观点。事实上，例外又一次反过来证明了规律：现在，只有极少数美国人没有信用卡。一般来说，没有信用卡的人比一般的美国人要穷一些，他们的金融资产相对于收入要少得多，因为较富裕的美国人会把大部分收入储蓄起来。不过，我们看到的情况恰恰相反：没有信用卡的人拥有的金融资产明显比收入高。那些以不要信用卡来抵制美国梦的人，似乎用更多的储蓄来宣告他们对美国价值观的蔑视。

储蓄对国家的意义

一国的储蓄政策会产生很多方面的影响。首先，它决定了人们是乐享退休生活，还是不得不和贫穷做斗争。合理的社会保障政策必须反映出人们对于财务规划的厌恶。如果没有这种规划，他们的储蓄决定就都来自环境的暗示。如果没有社会保障，人们的储蓄会面临严重不足，即人们的储蓄根本不足以支撑退休生活。储蓄政策在修正他们的错误方面具有重要作用。目前，社会保障制度在大多数西方国家非常普遍，因为它们正好满足了这样的需求。人们有理由担心，如果都依靠自己，他们可能无法为自己的老年生活攒下足够的钱。在美国，把社会保障体系私有化，让人们的退休生活完全依靠自己的储蓄计划，将会是一场灾难。他们不应该这么做。同时，政府应该鼓励各种能够增加储蓄的暗示，就像不应该鼓励引发消费的暗示一样。

不过，美国文化认为人们应该多花钱。西欧同属此类，只是程度稍弱。东亚国家（例如新加坡[①]和中国）为消费和储蓄赋予了完全不同的文化内涵。事实上，这两个国家都把极高的储蓄水平作为实现经济显著增长的主要工具。如同我们看到的，储蓄政策同样是一国经济增长的关键之一。

动物精神理论解释了储蓄随意和易变的难题。因此，理解动物精神，对于判定国家的储蓄政策非常重要。

① 新加坡应为东南亚国家。——译者注

第十二章

为什么金融价格和公司投资如此易变?

从来没有人认为金融价格（如股票价格）的剧烈波动符合理性判断。这些波动是金融市场与生俱来的。而且，这些价格是投资决策中最基本的因素，而投资决策又是经济必不可少的组成部分。公司投资的变化比 GDP 总量的波动要大得多，它似乎是经济波动的重要成因。如果我们能够认识到这些事实，就会得到很多资料来证明动物精神是经济波动的核心原因。

美国股市的实际价值在 1920~1929 年上升了 5 倍还多，但 1929~1932 年又完全跌回原样。1954~1973 年，美国股市的实际价值翻了一番，然后又被打回原形，1973~1974 年股市损失了一半的实际价值。1982~2000 年，股市的实际价值涨了差不多 8 倍，但 2000~2008 年又跌掉了一半。①

---

① 美国股票市场的实际价值是用标准普尔股票价格综合指数除以城市消费者价格指数的结果，数据来自美国劳工统计署。

问题不仅仅是如何事先预测这些波动，真正的问题比预测深入得多。甚至没有人能够合理地解释，为什么这些已经发生过的事件肯定还会发生。

人们可能认为，从经济学家鼓吹市场效率时经常表现出的自信来看，他们对于造成股票市场整体波动的原因可能有一些合理的解释，只是隐而不露罢了。他们当然能够举出一些例子，来证明某些公司股票价格的波动合情合理。不过，对于股票市场整体，他们做不到这一点。①

多少年来，经济学家们一直试图从经济基本面的角度，对股票市场整体波动做令人信服的解释，但至今无一人成功。这些波动似乎并不能用利率变化、股息或收益以及其他因素来解释。

“经济基本面依然强劲。”每次股市巨幅下跌之后，试图恢复公众信心的政府官员都会重复这样的陈词滥调。他们之所以能够这样说，是因为股市每次严重下跌似乎都不能仅仅用那些逻辑上应该影响股市的因素来解释。现实情况往往是，股市发生了波动，而经济基本面并没有变化。

我们怎么知道这些变化不是由经济基本面引起的呢？如果股价真的能够反映基本面，由于基本面在预测未来股票收益方面会有帮助，那么它就应该能够影响股价。理论上，我们可

---

① 保罗·萨缪尔森说过，股票市场是微观有效率而宏观无效率，我们发现这句话有一定的道理。

以用股价预测股票未来收入流（未来股息或未来收益）的贴现值。但是，股价频繁变动，甚至比那些它们试图预测的未来股息（或收益）的贴现值还多变。

伪称股票价格反映出人们怎么利用未来收入相关的信息，就像是雇用一个发了疯的气象预报员。他住在一个气温相当稳定的小镇，却预报说某天温度要达到 150 华氏度（相当于 66 摄氏度），而另一天会是零下 73 摄氏度。即使这个预报员报出的气温平均值符合实际情况，甚至他那夸张的预报至少还说对了相对较热和相对较凉的日子，但他还是应该被解雇。如果他根本没有预测到气温有什么变化，平均下来的话，他给出的预报可能还更精确一些。与此同理，人们应该摈弃那些认为股票价格反映了基于经济基本面的未来收益预测的想法。为什么？因为股价变动实在太大了。

即使事实如此明显，它仍没能说服有效市场理论的鼓吹者们，让他们承认自己的理论出错了。他们指出，股价波动依然合乎理性。他们声称，股价波动也许反映了一些可能影响经济基本面的重大事件，而 20 世纪或 19 世纪碰巧没有发生过类似的事件。照此观点，股价仍然是股票未来收益最好的预测指标。股票市场的剧烈波动，是因为经济基本面本来就可能要发生一些变化。他们坚称，重大事件最终没有发生的结果并不能证明市场是非理性的。也许他们是对的。无人能够判定股票市场是非理性的。但在所有这些争论中，也还没有人提出过确凿的证据，证明股市波动合乎理性。

价格变化反倒似乎和各种社会变化有关。安德烈·施莱弗和森迪尔·穆莱纳坦对美林证券广告的变化进行了观察研究。在20世纪90年代初股市泡沫发生前，美林证券的广告画面是一位祖父带着孙子在钓鱼。广告词是："要积累财富，你或许应该放长线钓大鱼。"到2000年左右股市冲上顶峰时，投资者们显然对于近期的收益非常兴奋，美林证券的广告也发生了戏剧性的变化：一块计算机芯片被做成了公牛的模样，广告词则是"通电……涨啦"。股市调整以后，美林重新搬出了那对祖孙的广告，他们再次耐心地垂钓，广告词换成了"为一生准备收入"。当然，设计广告的营销专家们倒是颇为自信，觉得这些广告紧紧跟上了公众思维的急剧变化。我们为什么会认为这些广告专家的意见比金融教授和有效市场理论家的意见还不值一听呢？

选美比赛和"美味苹果"的比喻

在1936年的著作里，凯恩斯把股票市场的均衡比作当时一家流行报纸举办的选美比赛。在那场选美比赛中，参赛者们需要在100张照片中选出6张最美丽的面孔，谁的选择最接近全体参赛者的平均偏好，谁就获胜。当然，为了赢得比赛，选手们就不能只挑选自己认为最漂亮的脸蛋，他还必须选那些他

认为别人可能觉得最漂亮的面孔。不过，就连这个策略也不是最优策略，因为别人肯定也在使用同样的策略。稍好一点儿的办法是，选择自己认为别人最有可能认为其他人会觉得最漂亮的面孔，或者，你还可以沿此思路继续向前走一两步。投资股票往往与此类似：如同选美大赛，在短期内，选择最有可能在长期获得成功的企业不会赢，但选择最有可能在短期内实现高市值的企业就会赢。

“美味苹果”的故事则是该理论的另一个比喻。如今，几乎没有人真正喜欢“美味苹果”的口味。可这种苹果又到处都是，而且常常是自助餐厅、快餐店和礼品篮中唯一的选择。19世纪，市场上销售的苹果均以“美味”为名，当时“美味苹果”的味道相当不错。20 世纪 80 年代，“美味苹果”成了美国市场上最畅销的苹果品种。当风向标开始转向其他品种时，“美味苹果”的种植者试图挽回他们的利润。他们把“美味苹果”转向了另一个利基市场。“美味苹果”变成了人们认为其他人会喜欢的便宜的苹果，或者是人们认为其他人觉得别人会喜欢的便宜的苹果。大多数种植者放弃了好的口感，转而选择了一种产量大、保质期长的苹果品种，把苹果的价格压低了。他们还一次性摘完果园里的所有苹果，放弃了以往分批挑选成熟果实的方式，目的也是压低价格。既然“美味苹果”并不是以好味道来卖钱，那谁还肯为口感多付钱呢？一般来说，大众无法想象苹果竟然可以便宜到这种地步，也想象不出这些口感糟糕的苹果竟能充斥整个市场的真实原因。

同样的现象也发生在投机性的投资领域。很多人不会察觉，随着时光流逝，一家有名望的企业会有多大变化，或者有多少种贬值的方式。那些没有人相信但自身仍具价值的股票，就是投资领域里的“美味苹果”。

投机市场的流行病和信心乘数

很显然，投资者们在市场高涨时对迅速致富很感兴趣；而在市场疲软时，他们又想保值。这是面对市场变化的一种心理反应。如果人们倾向于在股价上涨时买入，在股价下跌时卖出，那么他们对过去价格变化的反应可能会反馈到同方向更大的价格变化上，这种现象被称为“从价格到价格的反馈”。恶性循环会因此产生，并引起周期性的持续变化，且至少持续一段时间。最终，价格上升产生的泡沫一定会破裂，因为支撑这一上升趋势的只有人们对未来价格上涨的预期，而这样的预期不可能永远持续下去。

从价格到价格的反馈本身的强烈程度也许还不足以制造出我们曾经见识过的资产价格大泡沫。不过，我们将看到，除了上述反馈，价格之间还存在其他类型的反馈，特别是处于泡沫中的资产价格和实体经济间的相互反馈。这种额外的反馈拉长了周期的长度，也放大了价格对价格的影响。

如果资产价格的投机性波动只是小概率事件，我们完全可以将其忽略。但是，它们的影响不容小觑。当它们的反馈蔓延到实体经济时，影响的不仅仅是参与投机的人，还有那些从未参与其中的人。一个普通的美国人（例如皮奥里亚市履带车工厂的一个工头），虽然从来不曾直接持有股票，却在一次股市泡沫中被解雇。持有股票还是进行其他投资，很大程度上取决于个人所属的社会群体，而非由经济最优化的原则决定。即使在社会群体内部，他们所持的股份也会因价格变化而剧烈变动。

从资产市场到实体经济的反馈至少有三种不同途径。当股价和房价上升时，人们进行储蓄的理由会减少。因为觉得变富了，所以人们会更多地消费。他们还会把股市的收益和住房升值视为当前储蓄的一部分。资产价格对消费的影响被称为消费的财富效应。

资产价格还在投资决策中发挥重要作用。当股市下跌时，企业会减少用在厂房和设备更新上的投资。我们将在下一章讨论，当家庭住宅的市场价值下跌时，建筑公司就会减少建造新房屋的计划。

上述两种形式的支出，即商业投资和住房支出，都会受到破产的严重影响。当资产价值下降时，债务人就不会偿还债务，进而危及提供债务融资的金融机构的安全。当金融机构进一步发放贷款的意愿降低时——要么因为自身已经破产，要么因为筹集资金非常困难，或者因为市场调整促使它们采取更加保守的放贷方式——就会促使资产价格进一步下跌。

无论如何，资产价格变动都会反映到公众信心和经济上。因此，还存在从价格到收益再到价格的反馈。当股票价格处于上涨过程时，这种反馈会振奋信心。它鼓励人们多多购买，于是公司利润上升，从而刺激股票价格继续上扬。价格和收益相互强化的正反馈会发生，但只能维持一段时间。在股票价格下跌的过程中，反馈和经济都会沿着相反的方向运动。

此种反馈机制还会被杠杆反馈和杠杆周期放大。抵押率是贷方借给投资者的资金除以作为抵押品的资产价格得到的百分比。在周期的上行阶段，抵押率也会上升。例如，在家庭住宅市场的周期上行阶段，银行愿意借给买房人的资金数目占住宅价值的比例会上升。杠杆率的上升会反馈为资产价格的上涨，进而又刺激了杠杆率的进一步上升。当资产价格下跌时，同样的过程会沿市场下行方向发生。

杠杆周期发生作用，部分原因在于银行的资本金要求。当资产价格上涨时，金融机构的杠杆化资本相对于法规要求提高了，所以它们可以买进更多资产。如果很多金融机构都以同样方式跟进，它们就可能持有更多的资产头寸，以至于抬高资产价格，释放出更多的资本。反馈回路就此形成，并推动价格一再上涨。而如果资产价格下跌，杠杆化的金融机构可能会被迫卖出资产以满足资本金要求，其系统影响就是资产价格下降，金融机构的资本充足率也因此降低。这样，它们就不得不卖出更多资产，负反馈可能就会产生。极端情况下，这种反馈会造成极低的资产售价或类似“火灾残余物品拍卖”的超低价。作为国际资本充足率标准的《巴塞尔资本协议》(1998) 和《新巴塞尔资本协议》(2004)，似乎不怎么重视这种系统性反馈存在的可能性。[①] 但这种反馈，以及通过所谓的“宏观审慎监管”制度减少反馈的必要性，近来已经受到了越来越多的关注与研究。

大多数人在思考更加广泛的反馈问题时存在障碍。对他们来说，与股票市场上涨相伴的实际收益上升（如 20 世纪 90 年代）就能“证明”上涨是理性的。他们很少想到收益上升可能只是股票市场上涨的又一个暂时表现罢了。如果在房价上涨期间房租也上涨了（21 世纪初美国房地产价格上涨期间，实际房租略有提高），他们会认为房租上涨正好说明房价上涨的合理性。他们没有想过，房租上涨可能只是房价上涨的一个暂时表现。

动物精神的反馈效应

有一个例子能够说明各种类型的反馈可以推动股价的变

① 类似的反馈机制还可能在家庭层面发生，它通过家庭的收支平衡表发生作用，就像通过银行的资产负债表发挥作用一样。

化。这个例子能使我们从更广义的角度来说明动物精神如何变成反馈机制的组成部分，以及反馈实际上具有的多面性。它涉及动物精神理论的很多要素：信心，公平问题，以及鼓舞人心或令人沮丧的故事的产生。

让我们比较一下成立于1933年的日本丰田汽车公司和成立于1955年的阿根廷凯撒工业公司（以下简称IKA公司）。这两家汽车公司股票的历史大不相同。在本书写作时，丰田公司普通股的市值高达1 570亿美元，该公司也被《福布斯》杂志评为世界第八大公司（按照销售额、利润、资产和市场价值综合计算）。IKA公司的历史则相反，由于连年亏损，它在1970年被卖给了法国汽车制造商雷诺公司，现在已不复存在。

那么，为什么这两家公司的最终结局截然不同？是什么创造了丰田公司如此大的股票市值，而IKA公司又是出了什么大问题？分析家们会关注各种直接原因，但最终原因还是反馈机制。它在不同国家沿不同的方向变化，但都和动物精神有关。

丰田公司由一个经营织布机的家族创立。创立之初，它就表现得信心满满，甚至有些自负。在20世纪20年代，欧洲和美国的汽车制造企业生产汽车的历史已有数十年，它们也已经在日本设有组装工厂。而且，日本根本就没有工业能力来支撑从头起步的汽车工业。例如，日本没有厂家生产加工钢板的冲压机，甚至根本没有企业制造钢板。在日本，这些工业必须和汽车工业一起发展。丰田的创立，显然是个人勇气超越传统常识制胜的绝佳案例，它在某种程度上反映了日本人的乐观主义和爱国主义。

在日本文化中也时常能看到这种过度自信，它成了日本国民精神的一部分，由被公认为现代日本奠基人之一的福泽谕吉所开创。他鼓励人们自力更生并乐于向外国学习，认为积极地模仿外国的成功并不可耻，甚至将其打造为日本民族聪明才智的一个象征。

相反，IKA 公司在 1955 年创建时虽然得到了政府的大力支持，但当时阿根廷还没有形成像日本那样深入人心的民族精神，所以也就不能引起强烈的个人主动精神和对最终成功的自信。阿根廷也没有福泽谕吉式的人物。实际上，IKA 公司的管理人员不是阿根廷人，而是从美国引进的。这个企业之所以诞生，是因为阿根廷政府希望创建汽车工业。阿根廷政府给予在美国业已破产的汽车制造商亨利·凯撒公司有力的关税保护，科多巴州为其提供为期 10 年的税收优惠。

由于从创建之日起就是政府项目，IKA 公司作为经济保护的产物存活了下来，每个人都知道这一点。员工既缺乏相互的信任感，也缺乏共同的使命感。1963 年，当 IKA 公司宣布临时让 9 000 名雇员停工一周时，公平瞬间成了这家企业的致命问题。工人们“迅速骚动起来，占领了厂房，把 150 名监工和工头赶到油漆车间。他们挥舞着一瓶瓶汽油，扬言如果主管们不收回停工的命令，他们就在油漆车间放火。由于担心人质的安全，IKA 公司总裁詹姆斯·麦克劳德最终屈服了”。1969~1972 年，IKA 公司还发生过其他暴动和破坏性罢工。尤其是在 1972 年，政府为了保护厂房免遭罢工者的破坏，甚至调动了军队。

在这种情况下，投资者们对继续投资毫无兴趣也就不足为奇了。一家大公司的财务总管说：“从经济的角度看，在拉美制造汽车是无稽之谈。如果不是由于关税，你完全可以进口汽车，而且只比在美国或欧洲多花费一两百美元而已。”这种观点广泛流传形成的故事不仅打压了股价，还使 IKA 公司的工人们颇为沮丧。他们只能希望，源源不断的政府补贴可以让公司维持下去。

当然，日本的汽车工业也得到了政府的资助。1936 年的《汽车制造事业法》提供了有利于汽车工业的税收优惠和关税待遇。不过，丰田汽车公司和日产汽车公司在该法出台前数年就已成立。和 IKA 公司的成立不同，丰田的创立和发展都离不开自尊与自信。日本人觉得，汽车工业无论如何都必须在这个国家的前途中占一席之地。池上英子在关于现代日本文化起源的研究中，探索了日本独特的社会秩序的发展过程。她认为，这种秩序表面上看来非常礼貌且井井有条，实际上，这样的文化往往有利于人们凭借直觉共创雄伟大业，而不会跨越界限挑战人们的自尊心或造成不公平感。这些项目把大批相互联系不甚紧密的人集中到了一起。池上英子在她的著作里提到，在我

们今天称之为“俳句”的诗歌形式出现之前，日本曾经有过一个创作所谓“连环诗”的运动。这些连环诗是由很多诗人共同创作的长诗，每个人都贡献出一节本可以独立作为俳句的诗句，作为整篇长诗中的一部分。日本的伟大企业，完全可以比喻为这种连环诗。

第二次世界大战结束前，工会的概念在日本几乎无法得到认同。当时存在的劳工组织通常也不会组织罢工或者与管理方进行集体谈判。“二战”后，日本被美军占领。在其影响下，真正的工会，以及全国性的汽车工人工会 Zenji，在 20 世纪 40 年代末终于成立。不过，日本人的国民性使其依旧很难理解工会概念，特别是罢工的观点。Zenji 组织发现其领导人中有一些是共产主义者，而共产主义又受到日本社会主流文化的反对。由于公众普遍反对工会，更出于对共产主义的恐惧，日本政府在 1953 年日产汽车公司发生罢工后站在了强烈反对工会的立场上。最终，政府解散了当时的工会，并出资与日产汽车公司合作建立了新的企业工会。此后不久，日产汽车公司就推出了终身雇佣制度。

相比之下，阿根廷的劳工运动就非常强大且好斗，至少从 1910 年铁路罢工后就是如此。当时，布宜诺斯艾利斯发生的暴动迫使政府强烈镇压，以至于整座城市都变成了“军营”。从那时起，劳工和管理层的冲突就成了阿根廷国内政治的突出问题。1946 年，偏向工人的胡安 · 庇隆当选，该政府随即制定了保障工人权利的新宪法。毫无疑问，劳工和管理层的敌对关系让 IKA 公司付出了沉重的代价，公司受到了持续不断的罢工的打击，不仅生产成本越来越高，而且日产量也锐减至 70 辆。

为什么工会在日本能够适应环境，在阿根廷则不然呢？其背后的关键因素就是不同的认同感。在日本，汽车工人觉得自己就是组织的一部分，所以他们不会要求公司解释每一件事的公平性。他们往往把公司的成功视为自己的成功。终身雇佣制度让工人对公司充满认同感。日产公司希望促进一种共同的信心和信任感，这一策略相当成功。

我们提到的日本和阿根廷在信心和公平感上的差异，在这里完全可以解释为民族文化的差异。但事实上，我们有充分的理由相信，这些因素都会随时间而变化。各个国家之间，甚至在一个公司内部，随着企业的成功，随着股票价格的变化，这些因素都会发生变化。如果我们身边总有一个从价格到动物精神再到价格的反馈机制，那么我们就生活在一个非常难以预测的世界中。今天，日本和阿根廷的企业和人民可能与我们前面描述的那个时代有很大的不同，但他们将来还会变化，原因就是无穷无尽的经济反馈。

大多数经济学家不喜欢有关心理反馈的故事。他们认为，这些故事违反了他们关于人类理性的核心理念。他们拒绝心理反馈还有另一个原因：我们还没有标准的方法来量化人类的心

理。[①] 多数经济学家认为，迄今为止，那些试图量化反馈效应并将它们融入宏观模型的试验都过于武断，因此仍然无法令人信服。

动物精神与石油价格变动

和股票价格一样，石油价格也经历了剧烈波动，特别是在1973~1986 年的石油危机年代。1972~1974 年的第一次石油危机使经济遭受重创，起因是石油输出国组织（以下称欧佩克）各成员国限制了产量，原油价格翻了一番多，从 1972 年的每桶 3.56 美元上涨到了 1974 年的每桶 10.29 美元。表面上看，欧佩克成员国的部长们这么做是为了报复阿拉伯国家在 1973 年赎罪日战争中的失败，但还有一个鲜为人知的原因可以解释为什么他们会在那个时候采取那样的行动。1973 年之前，名称过时的得克萨斯铁路委员会限制了该州石油生产商一天中可以采油的时间比例。通过限制采油，它提高了石油价格，让得克萨斯的生产商们得了好处。1972 年年末，公众几乎没有注意到，该委员会把产量限额提高到了 100%，实际上等于完全取消了管制。但是，此举意味着欧佩克从此以后就有了完全的行动自

① 在只涉及可观察的数据时，计量经济模型通常可以用来很好地描述反馈模型，所有不可观察的数据都被归入所谓的“误差项”。尽管我们相信这些模型大多是有用的，但它们确实遗漏了一些无法量化的心理变量的重要特点。

由，它可以通过限制产出来抬高价格，美国再也没有一家企业能够与欧佩克抗衡。

这是石油价格第一次出现如此大的涨幅，后来在1979年石油价格再度猛涨。两伊战争中断了波斯湾的石油供应，石油价格也一度翻番，1986年以前一直保持在高位。后来，随着20世纪80年代初的经济衰退，欧佩克的卡特尔行动失败，石油价格才下跌了一半。

对这些重要年份里的石油市场做这样一个简要回顾，似乎说明石油价格是由基本要素决定的：如果不是由经济基本面决定，也是由政治和军事等基本面（如战争与和平）决定的。其实，这些因素可能是那些年石油市场的支配因素，也可能从那之后一直都是。尽管如此，我们还是可以看到信心、产出和价格之间的反馈机制在石油市场中的作用（虽然有所削弱），这些反馈和我们在股票市场上看到的情况如出一辙。

20世纪70年代的油价上涨，伴随着声浪日高的关于人口爆炸及由此引发商品短缺的鸿篇大论。10年后石油危机结束时，这种论调虽未消失，但明显减弱了很多。就在欧佩克限产之前18个月，杰伊·福里斯特带领麻省理工学院的一组研究人员，发表了一份预警性的研究报告。福里斯特是一位著名的计算机专家，20多年前，他为第一代通用计算机IBM650设计了磁芯存储器。他领导的研究小组得出的结论是，地球上的自然资源正日益枯竭。

该研究报告题为“增长的极限：罗马俱乐部关于人类困境的报告”，预言了全世界灾难性的经济问题。它们可能引起的一个后果是，到 21 世纪下半叶，全世界人口的 1/4~1/2 都将死亡。价格巨幅上涨所反映的自然资源严重短缺，最终意味着“食物和医疗服务不足将推高死亡率”。福里斯特的威望足以让大众相信该报告，尽管批评者们指出这份报告的假设很有问题，但它确实反映了当年流行的看法。这些观点又被欧佩克的部长们拿来作为成立卡特尔的依据。通过降低原油产量，欧佩克成员国不仅可以从迅速上涨的油价中获益，还可以保存剩余的原油，以备将来价格的进一步上涨。当然，欧佩克的决定也使那些押宝在罗马俱乐部结论上的人们信心满满。难道还有其他证据比亲眼目睹石油价格涨 3 倍更能证明这一理论吗？

可是，意想不到的事情随后就发生了。在 20 世纪 80 年代初的严重衰退之后，石油价格下跌了。至少在一段时间里，关于资源耗竭的故事很少被提起了。用 ProQuest 搜索《纽约时报》、《洛杉矶时报》和《华盛顿邮报》上包含“探明储量”和“石油”的文章，其结果也证实了这种变化。在 1965~1969 年的 5 年里，包含这两个关键词的文章只有 18 篇，而在 1970~1974 年有 60 篇，1975~1979 年有 115 篇，1980~1984 年有 137 篇，到了 1985~1989 年就只有 73 篇了。对包含“不可再生资源”这个关键词的文章的搜索结果也表现出类似的变化趋势。

当然，在那些年份，经济和政治因素在欧佩克和整个石油行业油价的暴涨暴跌中起决定性作用。石油价格至少在2007~2008年的短期内上涨到每桶100多美元，这充分证明我们的自然资源确实有限，全球变暖的威胁已迫在眉睫。但在针对地球或者石油生产的长期展望中，石油价格以及与石油价格有关的故事都和股票市场及其谜团非常相似，它们过于易变。这再次说明，所有天气预报员都应该被开除。

市场驱动投资

一个国家在新机械设备、新厂房、新桥梁和高速公路、新软件和新通信设施方面的投资，对该国的经济繁荣来说意义重大。这些工具把我们的简单劳动转换成复杂精密的现代化产品。工具越先进，我们的生活水平就越高。如果一个国家进口最先进的机械和软件，或者更进一步由自己来创造这些东西，该国工人就必须不断学习以便与最新的技术理念保持同步。投资带来了使用最新技术的一手经验。一些深入的研究也证明，在此方面投资较多的国家，生活水平也较高。

虽然如此，现在的政府（除了极少例外）并不是该国的投资决策者，做出投资决策的是商人。尽管要受财务因素的限制，他们还是只有相信自己的投资。他们的决策过程完全凭借自己的直觉和心理。因此，任何一个国家的未来都是掌握在做出投资决策的商人们手里，而投资又在很大程度上取决于他们的心理。

商学院的学生需要学习资本预算的数学问题和最优投资决策理论，但在公司真正要做出投资多少的决策时，往往是投资背后的心理发挥主要作用。应用资本预算理论需要输入一系列变量：预期从投资项目中获得的现金流，公司资本的估算成本，股票市场对投资的预估反应以及和其他风险的相关性。还有，它们还和很多其他的因素间接相关：企业从经验中学习的机会，建立联系或分销渠道的机会，与其他投资的协同效应，以及公司声誉和市场定位的影响等。如何量化这些因素，并把它们填入资本预算理论要求的各项数据里，并无简便易行的办法。商人们经常在高度竞争的环境里打拼，他们必须凭手头信息快速做出决策，并采取行动。

在《杰克·韦尔奇自传》中，我们也可以看到这种企业经营的心理观。杰克·韦尔奇写道：“我们将不仅仅是随着 GNP（国民生产总值）一同成长，我们还要让通用电气成为‘拉动 GNP 的火车头，而不是被动的最后一节车厢’。”韦尔奇强调说，他并不信任数量分析程序：“我最不愿意看到的就是弄出一系列比较困难的技术问题，其实只是想得到一些认可而已……我们有很多人每天都是围着我称之为‘教条’的东西打转转。在我的一生中，我从来不愿意在某个人向我亲口陈述之前看到他的什么策划书。对我来说，这些会议的价值不在于这些书面材料，而在于那些来到费尔菲尔德的人们的头脑和心灵里的东西。我希望自己能够透过重重障碍进入他们的灵魂深处，了解他们在内心最深处到底是怎么想的。我需要看到各个公司领导人的肢体语言，需要看到他们论证自己观点时的激情和喜怒哀乐。”韦尔奇讲了他如何对待某位部下的投资分析：“我把他最后一页的投资回报分析拿掉了。我在幻灯片上画了个‘×’，并写下个词——‘无限’，我用这个词强调指出，我们在这项投资上的回报将永远持续下去。”

商人们总是在未来的基本情况还不明朗时就做出决策。芝加哥大学的弗兰克·奈特于1921年出版的《风险、不确定性与利润》，今天被奉为经典著作。奈特区分了经济学家们的风险概念和在几乎所有商业决策中都存在的各种不确定性。他说，风险是指那些能够用数学概率测度的东西，而不确定性是指那些因不存在描述概率的客观标准而无法测度的东西。理论经济学家们长期以来一直在努力弄清人们是如何处理这些真正的不确定性的。随着时间推移，他们的努力方向越来越趋向于行为经济学。杰克·韦尔奇的“全凭直觉”一词将不确定性概括为：投资决策中，最重要的是直觉而非分析。直觉是一种遵循心理规律尤其是社会心理规律的社会过程，因为群体的决策是依据社会心理做出的。

商业活动，至少是成功的商业活动，都是在创造未来的激情中茁壮成长起来的。成功的商业活动恰恰对总体经济至关重要。最终取得成功的投资决策都与这种创造未来的愿景密切相

关。一个企业的故事，完全不同于经济学家经常讲述的购买工厂和设备的故事。问为什么资本支出每年的波动这么大，有点像问为什么各个酒吧的啤酒消费量会有那么大的不同。谁会明白或记得呢？又有谁会真的在意呢？投资只是达到目的的一种手段而已。当某些重大事件发生的时候，进行投资似乎是必要的。如果有其他问题导致重大计划被迫延期，投资也许就不会发生。所以，大规模投资的概率甚至从未被讨论过。

我们已经讨论过资产价格存在投机性波动，看起来肯定的是，这些波动的原因部分在于资产价格的不断变化以及与资产价格不断变化有关的信念。韦尔奇观察到："公司里的情绪随着媒体的报道和我们股票的价格起起落落。似乎每一个好消息都让整个公司振作一阵子，而每一篇悲观的文章也都让那些喜欢讽刺挖苦我们的人闹腾一番。"

我们应该对自己表达的观点持谨慎态度，同时也要明白股票价格和投资之间的关系还存在一些疑问。有一个简单的故事，名叫"托宾 q 值"。它由经济学家詹姆斯 · 托宾和其同事威廉 · 布雷纳德共同提出，大意是股票市场和投资之间存在精确的相关性。q 值是企业的市场价值（企业的股票价值加上债券价值）和其资本价值的比率。当然，企业的资本包括机械、设备、土地、存货和软件等。如果公司的市场价格上升到远高于其资本价值，照此发展下去，公司就会有扩大规模的冲动，于是就需要购买资本。所以，当 q 值高时，投资也比较大。而且，进行此类投资的也不一定非得是新公司，老公司也可能会扩大规模。q 值越高，投资的冲动也越强烈。①

托宾的 q 值模型在某种程度上是适用的，但事实证明，q 值和投资之间的关系比较微弱。我们从过去百年间的投资（相对于资本存量）和 q 值之间的关系就可以看出这一点。20 世纪二三十年代的情况，极好地说明了投资和 q 值之间的相关性。1929 年，股票市场高涨，投资也很活跃。30 年代初，股票市场崩溃并触底，投资也极度萎缩。1937 年，股票市场重新攀上高峰，实际上差不多和 1929 年一样高，投资也在这年回到高峰。20 世纪 90 年代，股票市场在新千年牛市中波动很大，当股市上涨时，投资也增加。2000 年以后，它们又双双下跌。但从大萧条到最近，有两个重要时期，其间虽然股票市场下跌，但投资仍然强劲。第二次世界大战之后，虽然经济稳定增长，但股票市场却没有起色。事实上，1947 年经济增长如此有力，以致通货膨胀率超过了 14%。当时 q 值降到了远低于 1，但投资仍然巨大。后来，第一次石油危机后，股票市场再次显著下跌，而投资仍然非常强劲。这中间发生了什么呢？答案是通货膨胀。1974 年通货膨胀率超过了 11%。第四章讨论过股票市场对通货膨胀的典型反应。由于存在货币幻觉，股票市场

---

① 资产价值也会影响企业申请破产的可能性。濒临破产的企业发现，在资产价值影响了资产负债表后，它们很难或者完全不可能借到钱，因此不得不放弃能够赢利的投资机会。

非理性地下跌了。

尽管这里的数据并没有给出明确无误的答案，但它们似乎也说明了当信心丧失导致股票市场下跌时，投资就会下降。不过，如果股市因为通货膨胀而下跌，同时经济又保持强劲，那最有可能发生的情况就是投资仍然活跃。可能这些数据还不够清晰有力，但对于20世纪美国历史的这一解释，似乎和我们的理论以及我们详细解读经济周期中的经济行为得出的结论高度一致。

驯服野兽：让金融市场为我们服务

本章讨论了为什么资产市场如此易变，影响它们的心理因素，以及它们和实体经济的相互反馈等问题。但这对经济政策意味着什么呢？贯穿本章的一个主题是：理论经济学家关于整体经济如何运行的理论往往太过简单化。这意味着，他们就像是我们所说的应该被开除的天气预报员。

那么在实践中，开除天气预报员又意味着什么呢？美国经济的天气预报员是一些空谈家和政治家，他们不做别的，就是越来越多地给自由市场大唱赞歌。关于自由市场创造奇迹的观点，只是那些导致股市和现实市场暴涨暴跌的众多故事之一。在本书前面的章节里，我们大加歌颂了资本主义的奇迹，但也没有忽略反映资本主义某些不足之处的小插曲。资本主义让超市里塞满了数千种各式各样能够满足人们想象力的东西，但如果我们想要万灵药，那资本主义也会把它创造出来。

在过去一二十年里，资本主义收获了无数赞美，而反映其不足之处的小插曲却被人们抛在了脑后。当然，资本主义有好的一面，但不可否认的是，它也有走过头的时候，因此必须受到监管。金融市场就是需要特别谨慎监管的一个例子。在第十一章中，我们看到约瑟芬·普布里克不愿意思考她的财务状况。事实上，在没有社会保障的情况下，她退休时将一文不名。她无法解决这些问题，这意味着金融市场必须受到特别严密的监管。为什么？因为和其他市场相比，金融市场更有可能让约瑟芬买到虚假产品。其中的一个表现就是资产市场的大起大落。约瑟芬买了虚假产品，但她自己并不知道买的是什么。当空谈家、政客以及经济学家接受了一种对资本主义越来越不加批判的观点时，一个制造和销售可疑金融产品的完整行业便应运而生。在很大程度上，约瑟芬本人并没有直接买这些东西，但她授权让那些控制她退休金、401（k）账户、货币基金或对冲基金（如果她比较富裕的话）的经理人购买这些产品。这些经理人通过交易获得了经济收益，而且通常是非常巨大的收益，但可怜的约瑟芬被甩在一边，两手空空，一无所获。

我们担忧的还不只是约瑟芬。本书讲述的是宏观经济学，我们的担心在于，当约瑟芬两手空空、一无所获时，人们会普遍丧失信心，严重的衰退将接踵而来。

因此，开除预报员就意味着要放弃“资本主义什么都好”的神话。这意味着我们要接受资本主义的另一面，也就是如果你不盯紧自己买的东西，就会有人卖给你次品。现在我们应该认识到，让资本主义保持正常运行的正是监管。当约瑟芬把钱投入市场、提取抵押贷款或者买车时，监管能够确保她得到的是有某种保证的产品。在20世纪30年代发生了规模空前之大、后果空前严重的经济危机后，罗斯福政府严阵以待，建立了安全防卫机制，保护公众免遭资本主义发展过剩的侵害。在这些机制中，金融监管和银行监管的关系特别重大，其中包括证券交易委员会、联邦存款保险公司和其他很多组织。70多年来，我们从当年建立的这些安全防卫机制中获益良多。除了明智的财政和货币政策，这些安全防卫机制也让我们远离了严重的衰退。

但金融市场已经发生了变化，变得越来越复杂。在美国，这种复杂性成了逃避罗斯福总统及其继任者们设立的监管机制的手段。开除天气预报员意味着，现在我们需要一个关于市场如何运行的新故事，这个故事预测的并不总是资本主义的艳阳高照。因此，我们需要重新评估资本主义。我们需要认识到，人们给自己讲述的有关经济的故事带有夸张的成分，我们必须保护人们不再受这些浮夸故事的蛊惑。这是一种新的需要，它要求我们更新观念，认同金融市场需要监管的理念。即使某些时候金融市场和实体经济的相互反馈使监管政策失灵，我们仍然有可能实施细致缜密的金融保险政策。致力于保护金融消费者，必须再次成为我们最优先的经济政策之一。

在紧急情况下，例如当我们确实陷入衰退时，我们还有货币政策和财政政策作后盾。不过，我们也知道这些政策及其效力毕竟有限。现在是时候重新设计金融监管制度了。新的金融监管制度应该考虑到常常推动市场变化的动物精神，使市场更有效率地运行，并使我们为走出困境而必须采取的事后救援的规模最小化。

第十三章

为什么房地产市场具有周期性？

房地产市场和股票市场一样起伏波动。农业用地、商业地产以及住宅和公寓的价格都经历过数次大泡沫，而且人们似乎并未从前面的泡沫中吸取任何教训。我们将在本章指出，各种经济泡沫，尤其是21世纪初发生的最近一次房地产价格的巨大泡沫，仍然是由那些我们在经济的其他方面看到的动物精神推动的。我们现在已经很熟悉的动物精神要素——信心、腐败、货币幻觉以及故事——依然在房地产市场中发挥核心作用。

不知何故，在20世纪90年代末和21世纪初，美国和众多其他国家的民众都坚信，住宅和公寓是颇具吸引力的投资对象。不仅房地产价格一路飙升，人们对房地产投资的热情也空前高涨。动物精神的作用随处可见。

美国历史上最大规模的房地产繁荣始于20世纪90年代末，

持续了近10年。到2006年转成熊市下跌之前，房价差不多翻了一番。在房市繁荣期，这种暴涨同样在其他许多国家上演，推动了全世界经济和股票市场的上扬。当繁荣期结束时，它留下了自20世纪30年代以来最大的房地产危机——次贷危机，以及一场我们至今还无法全面把握其影响到底有多大的全球金融危机。

那么，是什么造成了这样的兴衰周期？又是什么在左右人们的思想呢？

理解该问题的一个很好的起点是，汤姆·凯利（电台节目主持人）和约翰·图奇洛（全国房地产经纪人协会首席经济学家）合著的《第二套住房如何成为你的最佳投资》。该书出版于2004年，正值房价上涨速度最快之时。该书解释说："不妨这样看：如果你觉得一套房子用来居住再好不过，那么别人也会这么想，他们会为了获得此项权利而付钱给你。拥有一处房产，特别是你自己能够享受的财产，如度假别墅、养老居所，这些是普通美国人力所能及的最有利可图的投资。"除了这些话还有一些依据外，该书竟丝毫没有谈及为什么房地产会是最佳投资。

凯利和图奇洛指出，房地产投资是典型的杠杆投资，但这并不意味着能带来高回报：当价格下跌时，杠杆投资会变得极其糟糕，正如房产所有者在金融危机中所发现的那样。书中根本就没有提到全国性房价下跌的可能性。这种思维方式当然就是投机泡沫的特点。该书根本就没有给出理性的投资建议。

相反，书中充斥着各种故事。例如，汉密尔顿夫妇一辈子都住在宾夕法尼亚州，他们多年来都梦想着在佛罗里达州拥有一套房子。但直到他们已经成年的儿子弗雷德展示了这么一项投资计划并邀请他们共同投资时，他们才采取行动。一位房地产经纪人让他们在佛罗里达州那不勒斯市的数套房屋中分别住了几夜。他们上钩了，非常高兴地买下了其中的一套。读者们可以在这一系列故事中，选择自己最满意的故事，并将其作为自己行动的依据。

显然，作者觉得没有必要解释为什么住房是最佳投资，但为什么没有读过那本书的投资者也会对此深信不疑呢？

对房地产的天真认识

很多人似乎都有一种强烈的直觉，无论什么地方的房价都只涨不跌。他们似乎真的确信这一点，因此对持有不同意见的经济学家的观点置若罔闻。如果要他们拿出论据来，他们通常会说，因为土地只有这么一点，房地产的价格一定会持续上涨。人口压力和经济增长不可避免地会推动房地产价格以强劲的势头上升。这些论据显然是错误的，但这并没有对他们的判断产生影响。

人们并不总是认为房价只涨不跌，尤其是在房价连续数年或数十年没有上涨的情况下。虽然土地面积固定、人口和经济都在增长的故事长期以来一直很有吸引力，但它也只有在房价迅速上涨时才有说服力。

房价只涨不跌论的吸引力在于，它往往伴随着房地产繁荣的故事，被人们口口相传，为房价暴涨推波助澜。在房地产市场繁荣时期，房价只涨不跌论广为流传，并且被它背后的直觉进一步放大。

不过，实验证明，人们甚至对最基本的物理现象也会有错误的直觉模式。心理学家迈克尔·麦克洛斯基与其同事在 1980 年做了一个实验：他们向一群本科生出示了一张照片，照片上是一根细长弯曲的金属管。然后他们问学生，如果一个金属球从管子里被高速射出，这个球的运动轨迹是怎样的？在从未上过物理课的学生中，有 49% 的人认为小球会继续沿管子的曲率进行曲线运动。甚至在具有大学物理知识水平的学生中，仍然有 19% 的人画出了小球弯曲的运动轨迹。[①]

人们可能会认为，像物体会沿着直线轨迹运动这样基本的物理学原理，应该能够从日常经验中学到。所以，有这么多学生答错确实让人吃惊。事实上，当麦克洛斯基和他的同事请学生们解释错误的答案时，他们的推理过程竟然与 14 世纪的科

---

① 那些答错的人，在回答变换了形式的同类问题时也会一贯地出错，说明他们对运动物体的状态有一种错误的认知模式。

学家约翰·布里丹提出的中世纪动力理论一致。也许麦克洛斯基的学生和中世纪的科学家一样，在引导他们思考的日常经验中看到了一些微弱的相似之处，于是得出了结论。不论怎么解释，一定有某种心理倾向促使他们如此思考，不过麦克洛斯基及其同事并没有找到其源头。

在预测房地产价格的走势时，人们似乎各有一些让人费解的古怪念头。房价永远都会强劲上涨、房地产是所有投资中最好的投资，这些观点非常吸引人，但并不总是那么引人注目。除了繁荣期，人们很难找到房地产价格永远都会上涨的言论。我们用计算机对旧报纸进行了搜索，发现了一篇 1887 年的文章，当时美国的一些城市正处于房地产繁荣时期，其中包括纽约。这篇文章用如下观点来证明广受质疑的房价会持续上涨的合理性："随着人口增长，对土地的需求也在增长，而一个地区的土地不可能扩大，所以只有两种办法可以满足需求。一种办法是把楼建得越来越高，另一种办法是提高土地的价格……因为每个人都非常清楚，土地总是有价值的，所以这种投资将永远火爆和流行。"在第二次世界大战后的 1952 年，"婴儿潮"推高了房价，形成了美国历史上第二大房价上涨时期。此时，我们又看到了这样的观点："有些人意识到，没有什么投资像房地产一样稳定和安全。尽管在萧条年代里土地价格和房价双双下跌，但不断增加的人口会使房价保持长期向上的趋势。"这样的言论都是在房价上涨期间或房价上涨后不久出现的，这证明，类似的想法确实只有在房价上涨时才会卷土重来；而在上涨时期之外，就罕有这样的论调。

在解释房价上涨时，上述推断并不符合逻辑。房价以前也曾下跌过，这就直接驳倒了房价肯定会持续向上的理论。尤为显著的是，最近日本的城市土地价格下跌了（日本的土地和其他国家的土地一样都是稀缺资源）。1991~2006 年，日本主要城市的土地实际价格下跌了 68%。

关于房地产是诱人投资的印象，货币幻觉似乎能够解释部分原因。在谈论购房价格时，人们往往会记得他们买房子时的价格，哪怕那房子是在 50 年前购买的。不过，他们并不拿它和当时的其他价格进行比较。我们现在经常会听到这样的话："从第二次世界大战战场归来的时候，我花 12 000 美元买了这处房子。"它让人觉得这所房子产生了巨大的投资回报，部分原因在于，它并没有把消费价格从那时起涨了 10 倍的因素考虑在内。住房的实际价值可能在此期间只涨了 1 倍，折算成每年的升值幅度，大约只有 1.5%。

所谓的现金流现值定价法，可能是人们了解甚少的一个理论。从建立统计制度的 1929 年开始到 2007 年，美国实际 GDP 的年增长率是 3.4%，即 2007 年美国的实际 GDP 是 1929 年的 13.3 倍。如果经济继续增长，那么固定的土地资源的价值也会按照这个速度增长的想法看起来似乎有些道理。假设土地的价值确实按此速度增长，那就意味着投资土地是一桩好生意吗？

并非如此。如果土地的投资回报和 GDP 成正比，现值理论就会预计土地价格的年增长率为 3.4%。如果拿它和别的投资相比较，如 20 世纪股票投资的年均实际回报超过 7%（2% 的实际资本收益加上 5% 的分红），就会发现土地的投资回报并不是很高。对土地来说，“分红”的形式就是土地上生长的农作物的价值、土地出租的价值，再加上所有者拥有土地期间能够产生的其他可能收益。现值理论会说，如果这些分红预计每年增长 3.4%，土地价格将会在相对于分红的很高水平上达到平衡，因此拥有土地的总收益并不见得比其他投资好。

如果每样东西的定价都符合现值理论，那么价格是否会和预期的一样随 GDP 一起上升或下降，似乎就没有任何区别。这些东西的回报和其他投资的回报一模一样。该现值理论的相关课程是金融系本科生和 MBA 学员的必修课，但除此以外，没有几个人了解它。需要指出的是，美国的农业用地价格在 20 世纪的上涨速度比 GDP 增长率慢得多。在整个 20 世纪，农业用地的实际价值只上涨了 2.3 倍，折合成年增长率为 0.9%，远远低于 GDP 的增长率。[1] 对投资者来说，这样的回报确实让人泄气。

农业用地的供应量是固定的，但价格却不能和实际 GDP 一起上涨，因为它并不是促进 GDP 增长的主要因素。按照国

① 该价值是用美国农业部 1900~2000 年（正好在最近的房地产暴涨之前）的平均农业用地价值系列指数算出的，并用消费者价格指数进行了平减。

民收入和产出账户，农业、林业和渔业在 1948 年占美国国民收入的 8.3%，但到 2008 年仅占 0.9%。日益由服务业主导的经济体系已经有一段时间不再密集地使用土地了。而且，美国的实际房价在 1900~2000 年只上升了 24%，折算成年增长率为 0.2%。显然，土地并非住房建设的制约条件。所以，土地供应量固定对实际房价上升的影响可以忽略不计。

房地产信心乘数

可见，房地产总是理想投资对象的预期并没有理性的依据，只有在特定时间、特定地点它才成立。人们似乎总是偏向这样一种假设：因为土地是稀缺的，所以房地产的价格就会不断上涨。不过，这样的偏向也并不总是引人关注和采取行动的原因。21 世纪，这种偏向被放大以后，就成了房地产市场暴涨的根本依据。造成放大的原因，既有文化层面的，也有制度层面的。

我们在第十二章中讨论过的有关股票的反馈过程，包括从价格到价格的反馈以及从价格到 GDP 再到价格的反馈，在房地产市场也同样存在。随着房价上涨越来越快，大家更加坚信房价会持续上涨，也会有投资机会空前良好的感觉。这种反馈与观念、事实的传播互相作用，进一步强化了房价将持续上涨的信念。

20 世纪 90 年代的股票市场泡沫改变了人们对自己的看法，使他们自认为是聪明的投资者，因而变得更加狂妄自大，这为某些观念和事实的传播打下了基础。人们已经熟悉了投资词汇和投资习惯，他们越来越多地订阅投资类刊物，并观看投资类的电视节目。当股票市场下跌时，很多人认为他们必须把投资转移到其他领域，而房地产市场看起来颇具吸引力。2002 年以后的股票市场调整以及随之而来的会计丑闻，让很多人不再信任华尔街。住房，尤其是自有住房，成了他们能够理解、看得见又摸得着的切实可行的投资。

2000 年之后房价暴涨，我们对住房的看法也随之改变。报纸上关于房子的文章越来越多地涉及住房投资。甚至连我们的语言都变化了，一些新的用语如“炒楼”和“财富阶梯”等开始流行（这两个词还被用作流行电视节目的名称）。一些老话如“像房子一样安全”有了新的含义。该短语其实可以追溯到 19 世纪，当时人们拿船和房子做比较。在狂风暴雨中，船员为了安抚惊恐的乘客可能会说：“不要担心，我们的船就像房子一样安全。”但在 21 世纪的投资环境里，这句话的意思变成了“不要担心，我们的投资就像投资住房一样安全”。房价暴涨似乎将这句话和进一步的思考联系在一起，“所以，在住房上进行高杠杆投资，肯定会成为赢家”。

为什么 2000 年以来房价暴涨的情况超过之前任何一次？房价之所以这么大幅度地上涨，部分原因在于和房地产业有关的经济制度的演变。

人们相信，房价上涨的机会并未被所有人公平地分享，所以制度有必要进行相应的变革。小马丁·路德·金（伟大的民权运动领袖的儿子）在 1999 年的一篇题为“少数族裔的住房鸿沟：房利美和房地美做得远远不够”的评论文章中悲叹，少数族裔被这场繁荣抛在了一边。他写道：“住房和城市发展部调查发现，将近 90% 的美国人都相信，拥有一套住房比租房子要好得多。”和其他人一样，少数族裔也应该分享获得财富的机会。关于少数族裔在分享房地产市场繁荣方面的机会不平等的言论，促使政府迅速而又不假思索地做出回应。住房和城市发展部部长安德鲁·科莫的对策是，积极要求房利美和房地美向原来得不到住房贷款服务的社区增加法定贷款。他需要的只是结果，并不关心未来的房价可能因此下降。他是政治任命的官员，职责就是保障少数族裔的政治公平，而不是预测未来的房价。因此，科莫强迫房利美和房地美放贷，即使那样做意味着降低信用标准和放宽借款人的资格审核要求。人们想当然地认为该政策最符合少数族裔利益，但从未有人对其进行认真检验。

在这种氛围下，抵押贷款机构很容易证明他们放宽贷款标准是合理的。数家新的抵押贷款机构都从内部开始腐败。一些抵押贷款机构愿意给任何人贷款，根本不考虑他们是不是合适的贷款对象。在人们对未来都持有很高的期望时，此类腐败更加猖獗。也许，腐败这个词言重了。发放一笔你自己都怀疑它最终是否会成为坏账的贷款是腐败吗？毕竟，你没有逼迫借款人来借款，你也没有逼迫投资者购买你要出售的证券化抵押产品。而且，谁能真正知道未来会怎样？只要给这些人提供他们想要的东西就有钱可赚，而且也没有监管机构告诉你不能这么做。正如我们已经看到的，经济达成了一种供求均衡，这个均衡把资质很差的住房购买者和伪劣抵押贷款的购买者联系起来，正是后者为前者提供了资金。

所以，造成房价上涨迅速扩散的反馈不仅和制度有关，而且有文化和心理方面的因素。只要留意一下低价房的升值速度比高价房快，我们就会发现次级贷款人影响2000年以来的房价暴涨的证据。2006年以后，房价下跌，低价房的贬值速度也更快。

通过对住房市场的观察，我们又一次看到，动物精神是经济的重要推动力。住房投资（主要是建造新房子和公寓以及修缮现有的住房）占GDP的比例从1997年第三季度的4.2%上升到2005年第四季度的6.3%，然后又下降到2008年第二季度的3.3%。因此，住房投资是影响最近美国经济繁荣和衰退的重要因素。我们也看到，住房投资变化的原因和动物精神理论的所有要素都存在关联，这些要素包括信心、公平、腐败、货币幻觉以及故事。

第十四章

为什么弱势者世世代代在贫困中挣扎？

当我们让自由之声轰响，当我们让自由之声响彻每一个大小村庄，每一个州府城镇，我们就能加速这一天的到来。那时，上帝的所有子民：黑人和白人，犹太教徒和非犹太教徒，耶稣教徒和天主教徒，都能携手同唱那首古老的黑人灵歌：“终于自由了！终于自由了！感谢全能的上帝，我们终于自由了！”

——马丁·路德·金，1963年8月28日

马丁·路德·金上述演说发表两年后，美国白人终于承认，自詹姆斯敦殖民地建立以来，整个美国历史上弥漫的黑人和白人之间的鸿沟是不公平的。国会将通过一部投票权法案，美国南方各州的非洲裔美国人将真正拥有投票权；交通工具上

的种族隔离和其他任何形式的隔离将被禁止；根据“一个人的种族、肤色、宗教、性别或出生国”而实施的就业歧视被宣布为非法。平权行动由此开始，它所产生的影响一直延续至今。解决种族隔离这个美国的老大难问题，也终于有了一线曙光。①

一个梦想家肯定期盼甚至能预见未来数月里即将发生的变化，但没有人能预言下一步会发生什么。现在，离马丁·路德·金发表演说已经过去了约50年，黑人和白人的差距不但没有消除，反而转变为另外一种形式。马丁·路德·金的梦想确实实现了一部分，黑人中产阶级数量已经很庞大，而且还在不断扩大。今天，一半以上美国黑人的收入超出了贫困线的两倍。按照某种标准，他们已经属于中产阶级。而在这一成功的背后，很多黑人仍处于贫困之中。美国黑人的贫困率在2006年高达23.6%，是白人的3倍，而失业率是白人的两倍。

这些统计数字表明了黑人和白人之间的鸿沟，但现实情况远非数字所能描述。最贫穷的美国黑人的问题远远不只是贫困，还有高得出奇的犯罪率、吸毒和酗酒、非婚生育、女性单亲家庭和过分依赖福利救济等。入狱率的统计数字表明，有相当一部分美国黑人会犯下上述问题中最严重的错误。例如，18~64岁的黑人男性中，有7.9%被关在拘留所或监狱。黑人男性的入狱率是白人男性的8倍。更令人震惊的是，黑人男性

① 西班牙裔也有类似但不那么极端的受歧视的历史。

一生中入狱的可能性超过 25%，这个数字还剔除了那些被关在地方拘留所里的人。[①] 通过与美国原住民的相关数字进行比较，我们发现他们在很多方面比黑人的处境还要糟糕。

我们认为，解决上述问题是美国亟待完成的重大任务。这些问题不仅涉及面广，而且非常重要，因此任何未对此进行讨论的宏观经济学著作都是不完整的。同样，我们还将看到，动物精神中的故事和公平两大要素，是这些问题长期存在的重要原因。

两极分化问题

重大的宏观经济事件差不多会给各个群体造成影响。例如，当失业率上升或下降一两个百分点时，所有群体——年轻人、老年人，男人、女人，黑人、白人、拉美裔人——的失业率都会明显上升或下降。如果某年经济十分景气，年底时华尔街的股票很少有下跌的；而在行情糟糕的年份，年底时也鲜见股票上涨的情况。因此，美国黑人群体的两极分化——一极是成功的中产阶级、一位总统、两位国务卿、一位司法部长以及许多大公司的首席执行官，另一极则是超过 80 万的被关在监狱里的黑人——确实是非常奇特的现象，它需要合理的解释。

---

① 根据 1993 年的在押人数估算。

他们为什么被抛弃？

社会心理学家通过实验证明，只要实验对象能够自行区分“我者”和“他者”，群体间的分裂就很容易产生。我们表现出了对“我者”的偏爱和对“他者”的偏见。在一个经典的实验中，实验对象按照生日是单日还是双日被分成两组。即使按照这种无聊又毫无意义的分类，双日出生的人也会表现出对双日出生的人的好感和对单日出生的人的偏见，反之亦然。就连著名的儿童文学家苏斯博士也对这种行为很感兴趣。他的《黄油大战》一书，描写的就是发生在喜欢把黄油抹在面包正面的人与喜欢抹在反面的人之间的一场大战。

如果在实验室里的最低条件下都有可能（其实很容易）发展出“我者”和“他者”的派别划分行为，那么在美国白人和黑人之间经过400年的族群分裂后，产生这种趋势也就不足为奇了。这些分裂和偏见都与我们讨论过的动物精神的两个要素有关。“我者”和“他者”这种派别之见确实存在，而这当然是“故事”的结果。不过，和该实验一样，它实际上也催生了正义感和公平感，只是我们和他们的公平标准完全不同而已。

这些分裂对每一个美国黑人来说都是最核心的问题：在美国，“我者”和“他者”之间存在差别。[①] 美国黑人被动而无奈

① 对社会经济群体的认同感的强度以及个人对自己与该群体保持持久关系的认知，似乎是影响人们幸福感的重要因素。

地处于一个他们感到不公平的经济体系中，他们必须在心理和物质的双重困境中艰难前行。阅读任何一位美国黑人的传记，我们都可以从中看到这些核心问题。

社会学家米歇尔·拉蒙特的著作《劳工的尊严》揭示了这种差别在实际生活中的意义。拉蒙特访问了男性白人和黑人劳工。她想要探寻的也正好是我们希望了解的内容。她想听听他们的故事，想了解究竟是什么在支撑着他们起早贪黑地工作。受访者都面临同样的问题：他们都在勉为其难地实现美国梦。论收入，他们挣得不多；论地位，他们几乎得不到尊重。为了保持尊严，他们必须从事那些困难严苛的工作，但收入微薄，他们对这个世界以及如何适应这个世界一定会有自己的看法。

当然，并不是所有的白人和黑人劳工都在诉说同样的故事，其中还是有很大差别的。不过，在拉蒙特的著作里，似乎他们各自都有描述自己看法的典型故事。让我们首先来看看白人对世界的看法。他们认为，他们生活的世界是个残酷的地方，竞争激烈，但资本主义是所有可能的制度中最好的，而他们能够适应这样的制度。他们对能够为资本主义制度做出自己的贡献颇感自豪。尽管为了照顾自己和家人他们要努力克服很多困难，但他们仍然以此为荣。他们认为，他们的命运及其成功和失败都是个人的责任。此外，他们觉得自己是比较优秀的人，比处于社会更高阶层的人更加关注价值而非金钱。这是他们自己选择的生活方式，因而必须对此负责。他们的世界观显然与弗里德曼夫妇合著的《两个幸运的人》的内容相吻合。

比较而言，拉蒙特访问的美国黑人的故事就略有不同。和白人劳工一样，黑人劳工同样对自力更生感到自豪，但他们的自力更生是在比白人更加困难的条件下实现的。他们不仅仅是因为运气不好而从资本主义的牌局中摸到了一张烂牌。白人通常相信他们生活在公平的社会里，他们在社会中相对较低的地位只是坏运气的结果，或者是他们自己的选择。但美国黑人往往将不易成功看成由“他者”而非“我者”造成的后果。是“他者”在分配社会的各种报酬，如工作和工资等，而“我者”只是被动的接受者。相对于白人，美国黑人不得不依靠自己，因为他们生活在一个对黑人充满敌意、对白人极其友好的“他者”世界里。这给了美国黑人相互团结的观念，也让他们感到，世界上存在失败者，而且那些失败者应该得到援助。如果每个人都拥有相同的机会，或者有选择不同生活方式的机会，那么不成功就不完全是坏运气的结果。这就是黑人对于自己是什么人、应该成为什么人的核心定位。

在拉蒙特的访谈中，正如可以预期到的那样，种族观念在黑人和白人中都发挥着核心作用。对自力更生颇感自豪的白人，觉得自己和黑人完全不同，尤其是那些靠社会福利维持生计的黑人。与此相反，黑人也觉得自己和白人截然不同，他们觉得白人既小气又不公平。每一方对于我们是谁、我们应该怎么做的故事都有各自的范本。同样，对于另外一方是谁、怎么做事以及应该怎么做，他们也有不同的范本。

没有获得成功的人

我们看到，美国黑人要面对的问题是白人无须面对的。首先，美国黑人从父母和社区中得到的资源和其他人不平等，这等于给了他们一手烂牌。其次，他们玩牌的环境中还有对他们的敌对心理，这相当于庄家在作弊。在这样一个道义上很难说是公正公平的世界里，他们必须要花费额外的心力来应对。拉蒙特抽样访问的美国黑人劳工阶层都是那些历经艰辛但已小有成就的人。然而，每一场战争都有伤亡者，连这些小有成就的黑人劳工阶层都尚且生活得如此艰难，这说明一定还有其他人没有获得成功。

在分析那些没有获得成功的人时，拉蒙特向我们展示了“硬币的另一面”。她认为，那些成功的美国黑人劳工阶层即使在走投无路时也极力控制自己的情绪，以努力保持他们的尊严；而那些尚未获得成功的人却做不到这一点，他们会将情绪发泄出来。艾略特·列堡的经典著作《泰利的街角》形象地说明了这一点，该书描写了一群在华盛顿最破败街区中的一家外卖店周围游荡的男人们的生活及其所处的时代。列堡的观察虽始于20世纪60年代，但经受住了时间的考验。我们非常肯定，从这项种族分析中得到的事实绝非个例。在对市中心贫民区无法获得成功的人进行的所有分析中，我们都可以看到同样的情绪。

《泰利的街角》描述了泰利、西凯特、理查德、勒罗伊以及其他一些重要配角的生活。在他们的故事中，最能打动人心的就是他们的愤怒。列堡把这种愤怒归因于“他们所受到的羞辱”。这种愤怒的情绪会在各种情况下以各种方式表现或爆发出来：朋友间的打斗，如理查德诬赖泰利和他的老婆交往过密后，他们之间发生的持刀斗殴；放弃机会，如理查德从一个房地产经纪人那里得到一份修理房屋的工作机会，但后来他并没有接受这份工作；家庭破裂或拒绝承担长期责任，如理查德在丢了工作后对妻子雪莉大打出手。他知道自己本应支撑这个家却又无能为力，于是选择退隐“街角”和同病相怜的人混在一起。如果待在家里，家人会让他时刻想起自己无力养家糊口的窘境。勒罗伊则把自己的妻子赶出家门。愤怒不仅表现为放弃工作机会，还表现为贸然离职，就像理查德本该去工地工作却大睡不起，因为他觉得自己一点儿都干不动了。再看看西凯特，他和25岁的寡妇格洛丽亚谈起了恋爱。格洛丽亚不仅继承了一笔财产，还有一些保险金。他真心喜欢她，但又不能克服缺乏自尊的障碍，因此在一次车祸后，他和另一个女人搞在了一起。随后，他去见格洛丽亚，本意是打算重归于好，却扇了她一耳光，后来只好重回街角。

我们可以从种族分析中选出一大堆事例，准确地描述糟

糕的工作、贫困以及对自尊的追求如何发展为愤怒，这种愤怒又如何得到了某些社会群体的支持或认可，在上例中就是街角的那群人。这些人即便不是公开宣称，也会在心里暗想：太好了，挣脱自我束缚真不错。

我们希望，对读者而言上面的论述并没有涉及什么新东西。实际上，我们认为，它确实和许多著名学者在研究美国黑人时得出的主要结论相一致。这些学者包括伊莱贾·安德森、杜波依斯、威廉·亨利·盖茨、格伦·劳里、李·雷恩沃特、威廉·朱利叶斯·威尔逊以及其他很多人。我们还可以从他们每人的著作中找到那些可以总结我们所说内容的段落。我们还可以找到类似的故事，尽管故事背景可能不同。我们还可以描写黑人女性的行为，而不仅仅是黑人男性。我们还可以着重讨论人们无法获得成功（如学习成绩差、加入犯罪团伙、酗酒和吸毒成瘾以及早孕等）的各种原因。其实，我们描述的情况非常普遍，足以巨细靡遗地反映没有进入中产阶级或劳工阶层的美国黑人的生活。

我们在上文的阐述，也解释了民权运动时代结束后美国黑人家庭和劳动大军意外的衰败。民权运动以前，每个黑人都了解他们受到的不公平待遇，而白人并未察觉，而且鲜有例外。黑人接受了种族界限，并认为它像夜空中的恒星那般永远不可能改变。不论这个制度有多不公平，质疑它对他们来说是一种奢望，那样做无异于自取灭亡。

不过，后来世界改变了。不仅美国黑人，就连白人也承认了这种不公平。这甚至变成了美国正史的一部分，为此人们在马丁·路德·金纪念日举行庆祝活动，并在美国黑人历史月进行宣讲。尽管消除这种不公平的新机会依然存在，而且，诚如我们已经看到的，很多人已经利用了那些机会，但是，要忽视不公平感或者更准确地说压制不公平感，就困难得多了。把历史公之于众，会引起更大的不公平感。所以，尽管对某些人来说，新的机会总是存在，但很多人还是不能好好把握。

政府应如何消除种族差异？

我们的描述和分析反映的可能是社会学和美国黑人主题研究的标准思路。标准的经济学观点则认为，美国黑人之所以比较穷，是因为他们技能差、金融资产少，而且遭受歧视。不过，在关于少数族裔贫困问题的这些常见说法以外，我们还发现了一点儿新东西。我们指出了故事在穷人生活中发挥的作用，这些故事包括“我者”和“他者”的对立、对自尊的追求以及公平等因素的作用，而这些在有关贫困的标准经济学分析中都是缺席的。在此，我们仍然要呼吁人们关注动物精神的作用。

我们认为，我们的解释非常重要，因为它隐含着解决黑人面对的各种问题的终极办法。我们是应该假设黑人和美国历史上很多移民族裔一样，都没有得到任何专门的帮助来提高其收入和地位呢，还是应该认为美国黑人（以及美国原住民）较为特殊呢？在我们的论述中，他们确实较为独特，因为他们有着被侵害和遭受不公平待遇的不同寻常的历史。当然，所有移民族裔都有遭受歧视的故事，但对美国黑人和原住民来说，被侵害的问题有本质上的不同。事实上，西班牙裔也和美国黑人有极大区别。25~34 岁的西班牙裔男性失业率和白人相当，如果不包括监狱中的罪犯，大约为 10%，而黑人的失业率在 25% 左右。①

在认识到历史、公平、故事等的作用后，我们就能发现美国黑人和原住民的贫困从根本上说不仅仅是个人选择的问题。他们陷入贫困的泥淖不能自拔，不仅因为缺少资源，还因为与其他群体相比，他们还要面对一个特殊的“他者”和“我者”的分歧。黑人和原住民都有一个特殊问题，那就是他们生活在一个独特的故事中，一个关于他们在美国被剥削的故事。因此，白人和黑人都认为这世界存在两类人：“我者”和“他者”。这种观念也是日常生活的一部分。与缺少金融资产和技能低一样，这种观念也是美国黑人持续贫困的一个重要诱因。

那么，应该采取什么措施呢？在 20 世纪 90 年代，关于平权行动的争论比比皆是。当时有两本重要著作差不多同时面世，却得出了截然相反的结论。阿比盖尔和斯蒂芬·特恩斯特

① 这些数字指未送交专门机构的人数；如果将在押人数计算在内，这一数字会更高。

伦这一夫妻档撰写了一部有关平权行动以及它如何从民权运动中产生的详尽历史。他们对该书的史实和统计分析都颇感自豪，但根本没有认真对待种族分析揭示的问题。他们也没有把西凯特、泰利、理查德和勒罗伊这类人及其在城市街区里发生的故事纳入其历史研究的范畴。他们没能说明种族分析所揭示的情感因素，而这些情感因素是不可避免的，正是它们在平权行动的特殊案例背后发挥作用。与之相反，记者戴维·希普勒在《陌生人的国度：美国的黑人和白人》中，探讨了黑人对他们自己和美国的看法。他认为，种族分裂确实存在，“我者”与“他者”的对立也确实存在。在打破两个美国的壁垒方面，平权行动能够发挥重要的作用。

首先也是最重要的，是平权行动的象征意义。平权行动说明白人关心黑人的处境。白人承担起这样的责任就能缓和以下看法：美国实际上是两个国家，占多数的白人不在乎占少数的黑人。我们也发现了一些反对意见：平权行动难以实施，它会带来有关公平等方面的严重问题。不过我们认为，与平权行动向黑人传递的信号“是的，我们能做到；是的，我们真的在乎”比起来，这些都是次要的问题。[①]

像特恩斯特伦夫妇这样的反对者宣称，平权行动是不当之举，因为已经存在一个不断壮大的黑人中产阶级，政府的措

① 格伦·劳里认为平权行动也可能有副作用：它会增强黑人的被排斥感，会使他们觉得他们得到了不属于自己的东西。

施也毫无作用，黑人和白人之间的差距问题应该留给市场来解决。不过，这些反对者并没有认识到，美国黑人和联邦政府、地方政府有很多的接触与互动。他们都有很多机会利用资源来改变“两个美国”的故事。

最显著的例子就是学校教育。黑人孩子到入学年龄时，已经意识到自己是黑色皮肤，意识到黑人和白人是有差别的。此外，和白人比起来，他们通常要穷一些，父母和亲戚有问题的也多一些。而且，即使他们自己的家庭没有任何问题，穷邻居们也经常出问题。泰利和他的伙伴们、各种不利的统计数字都是有力的证据。更成问题的是，学校是中产阶级的组织，推行的也是中产阶级的价值观。即使在最好的学校，无论哪个种族的教师，都特别警惕学生遇到无法处理的问题时可能会因压力积聚而实施破坏行为。而且学校本身往往就是此类问题的一个源头。对加州伯克利的一所中学进行的深入研究表明，担心贫困学生在学校惹是生非的教师，会因为贫困学生的行为举止和富裕学生不同而对他们进行惩罚。不一视同仁的处理方法使这些只有十二三岁的孩子们产生了强烈的不公平感和愤怒，正如泰利和他的伙伴们所表现出来的情绪一样。

其实，正是因为学校在教育少数族裔的贫困学生时存在这些特殊问题，才需要专门投入资源来加以解决。在那些可以得到这些资源的地方，成效似乎十分显著。有相当多的证据表明，黑人对学校教育质量特别敏感。在田纳西州随机进行的实验表明，幼儿园的班级人数会对黑人学生产生特殊影响。得克萨斯州的资料显示，教师品质对黑人学生的测试分数影响显著。在配备较好师资并采用正确的教学方法后，很多实验学校都取得了非凡的成功。[①] 在这些实验中，学生和教师建立起了信任关系，也平息了从社区传递到校园的愤怒情绪。如果有适当的资源以及富有同情心、善解人意、知道该如何处理这些问题又不会被教学任务压垮的教师，黑人学生的表现会显著改善。那些针对性强、精心设计的计划，可以帮助在经济上已经落后的孩子获得成功。

这种教育合作只是政府和黑人互动项目中的一个例子。我们还可以举另外一个例子。黑人进入中产阶级的一个主要途径是在政府谋得一个好差事。最初，他们的工作仅限于在学校教书，不过自从种族隔离消除以来，他们已经可以进入军队、联邦政府、州和各级地方政府乃至医院就业。一个鲜为人知的悲剧是，布什政府系统性地将联邦政府的低层工作岗位外包。一般情况下，我们会赞成节约纳税人的税收支出，不过这种外包服务使黑人丧失了许多好工作。[②]

---

① 纽约 CPESS（中央公园东区中学）就是典型例子。在附近的其他学校里，进监狱的学生比上大学的多；而在 CPESS 几乎没有学生退学，90% 的学生上了大学，其中又有 90% 读了研究生。该校之所以成功，主要是因为它努力培养学生们的群体认同感。

② 2004 年，黑人占全部联邦公务员岗位的 17%，在低层联邦职位中占 25%。而在美国的全部就业中，黑人仅占 10.7%。

当然，黑人还会在一些领域碰到法律问题。关押在监狱和拘留所里的黑人数量令人震惊。从目前来看，这其中有很大一部分还是不可避免的。在很多情况下，这对保护黑人社区的安全也是必要的。不过，我们也不应该忽视他们洗心革面、要求再给其一次机会的可能性。我们需要更有创造性的办法从大量在押黑人中挑选出那些愿意继续学习的人，并帮助他们戒掉毒瘾和酒瘾。其实，监狱应当被视为重获新生和受教育的地方，而不应该是学习如何从事更严重犯罪的场所。

必须勇于尝试

总之，政府在很多领域都能够动用资源来消除白人“我者”和黑人“他者”，或者白人“他者”和黑人“我者”之间的分裂。在本书中我们已经看到，在历史上，只要有信心，人们就能够创造奇迹。我们相信，种族分裂仍将是美国的老大难问题，但只要我们重视它，就能找出很多办法来削弱种族差异。我们必须勇于尝试。

本书始终承认市场的力量，不论它是好是坏。不过，在这种情况下，我们并不同意那些反对者的观点，即那些要把种族问题全部留给机遇和市场来解决的观点。

结　语

动物精神：宏观经济学理论的重要元素

我们的动物精神理论回答了以下谜题：为什么我们中大多数人没能预见经济危机？当危机似乎毫无理由地突然爆发时，我们应该怎样理解它？为什么那些试图阻止危机的预防措施没能奏效，而经济当局却对此公开表示意外？如果我们想在未来数月内对经济政策重拾信心，就必须回答这些问题。

诚如我们在书中反复提到的，真正的问题在于当前的经济理论是由许多传统观念构成的。有太多的宏观经济学和金融学专业人士在“理性预期”和“有效市场理论”的道路上走得太远，以致根本未能考虑经济危机最重要的动力机制。如果不把动物精神添加到理论模型中去，我们就会丧失判断力，也就无法认清危机的真正根源。

21 世纪初的这场危机出人意料，而且公众和许多关键的决策者至今仍没能完全理解这场危机，原因在于传统经济学理论根本就没有涉及动物精神的原理。传统经济学理论将不断变化的思维模式和行为方式排除在外，而它们才是经济危机的根源。传统经济学理论甚至排除了信任与信心丧失的因素；排除了公平感，而正是这种感受制约了工资和价格的灵活性，这一灵活性本来能够稳定经济。传统经济学理论没有考虑到经济繁荣时期的腐败和出售伪劣产品的问题，以及泡沫破裂时它们一旦被揭发出来会带来的影响。传统经济学理论还排除了那些说明经济变化的故事的作用。解释经济如何运转的传统理论排除了这些因素，这不仅加深了人们的疑虑，导致了危机，还使我们在应对危机时束手无策。

金融市场上的“糊涂蛋胖胖”已经被打破。如果“糊涂蛋胖胖”对世界如何运转持有正确的看法，它绝不会一开始就从墙上摔下来。同样，如果资产的买方认识到经济的实际运作原理，他们在买进资产时就应该更加谨慎，经济也就不会出问题。可是，即使到现在，因为对世界的真实情况抱着错误的认识，很多政策分析家，特别是多数公众，还没有认识到“糊涂蛋胖胖”已经无法修复而且必须更换了。这也正是迄今为止已经采取的措施仍不足以维持信贷流动进而实现充分就业的原因。

传统宏观经济学走错了方向

在宏观经济学理论中加入动物精神，对于更好地理解经济的实际运作方式非常必要。在这个意义上，过去30年的宏观经济学走错了方向。传统的宏观经济学家试图厘清宏观经济学并使之更加科学化，为此他们引入了研究框架和学科规范，分析当人类只有经济动机而且完全理性时的经济运行情况。如果画一个正方形，然后再把它分成4格，两列分别表示经济和非经济动机，两行分别表示理性和非理性反应，那么现有的模型只填充了左上角那一格。它回答的问题是：如果人们只有经济动机，而且他们都会对这些动机做出理性反应的话，经济会如何运转？但它立刻又引出3个问题，分别对应另外3个空格：如果人们有非经济动机和理性反应，经济如何运转？如果人们有经济动机和非理性反应，经济如何运转？如果人们有非经济动机和非理性反应，经济又会如何运转？

我们相信，关于宏观经济如何运转以及它运转失常时我们该如何应对等最重要的问题，主要（尽管并非全部）隐藏在后3个空格中。本书的目的就是填充这3个空格。

一个测验

本书始终强调，我们对经济的描述应当符合定性和定量事实，因此它比遗漏了非理性行为和非经济动机的宏观经济学要好得多。我们偶尔也会用一些统计数字，但主体还是依靠历史和故事。

我们相信，有一个简便易行的测验可以证明我们的观点不仅正确，而且比当前主流经济学的模型更正确，因为主流模型无法处理其余 3 个空格中的问题。我们认为，我们对经济如何运转的描述几乎适用于任何经济周期。就拿最近一次经济周期来说，它从 2001 年一直持续到现在，我们认为，以动物精神为核心对经济所做的描述，显然能够很好地解释实际发生的事情。

让我们回顾一下美国当前的经济周期（我们也可以对其他国家的经济进行这样的回顾），并看一看本书提出的若干主题是否已经过时。动物精神的作用在我们的论述中居于中心地位。

整件事主要开始于 2000~2001 年。2000 年，股票市场暴跌，同时经济也从网络时代的非理性繁荣中冷却下来。实际 GDP 增长率从 1999 年和 2000 年上半年的 4%，下降到了 2001 年上半年的 0.8%。小布什政府利用这段低迷时期，开始实行永久性的大规模减税政策。第一步也是最大的一步减税计划在 2001 年 6 月被载入法律。① 美联储也采取了行动，贴现率从 2000 年

① 该法案就是《2001 年经济增长与减税调和法案》（EGTRRA），后来还采取了进一步的减税措施，即《2003 年就业与增长减税调和法案》（JGTRRA）。国会预算办公室估计，当 JGTRRA 通过时，该法案对联邦收入的影响约为 10 年（2001~2011 年）1.3 万亿美元，考虑到合理的养老支出和有选择的最低税收调整后，影响为 1.7 万亿美元。

下半年的 6% 降到了 2002 年 11 月的 0.75%。人们完全有理由相信，所有这些措施都将发挥作用，经济也确实反弹了。① 利率的降低似乎收到了预期的效果。在上一轮繁荣中，资本在设备方面的支出相当庞大。② 由于担心千年虫危机，2000 年之前在设备和软件上的投资尤其高。而在新一轮繁荣中，刺激则来自房地产市场。在 2001~2005 年的短短 4 年里，人们用于住房的支出增加了 33.1%，而同期 GDP 的增长只有 11.2%。

不过在那之后，正如我们已经讲过的，奇怪的事情开始发生。这些事情也可归因于人们对繁荣的过度自信。人们开始买房，就好像那是他们最后一次的买房机会（因为他们觉得房价仍会继续升高并超过他们的收入水平）；投机者也开始投资房产，他们似乎认为，其他人都会觉得自己应该抓紧买房（不论什么价格），否则稍晚就会买不起房子了。从 2000 年第一季度到 2006 年第三季度，房价上涨了大约 2/3。在洛杉矶、迈阿密、旧金山和其他很多地方，房价涨幅更大。③ 大片农田几乎在一夜之间就被开发为新房产。住房投机的狂热症就这样爆发了。

更令人惊讶的是，不只是买房人感染了狂热症，就连本应该谨慎行事的金融市场也为其推波助澜。当然，房地产经纪人

---

① GDP 增长从 2001 年的低点 0.7% 提高到了 2004 年的 3.6%。

② 从 1991 年到 2000 年，国内总私人投资从 8 291 亿美元增加了 102.5%。其子项（设备和软件投资）更是从 3 459 亿美元增长了 165.6%。对比来看，这段时期的 GDP 仅增长了 38.3%。参见美国《2008 年总统经济报告》。

③ 洛杉矶房价上涨了 173%，迈阿密房价上涨了 181%。

和抵押贷款经纪人就更没有理由来浇灭这股狂热了，因为他们可以从中收取交易费。高度活跃的住房交易也使经纪人收取的交易费大大增加。最令人吃惊的是，还有人愿意为这些抵押贷款埋单，为买房人的草率投机提供大笔资金。

为什么会有人购买这些抵押贷款？有一些简单的理由。首先，购买抵押贷款的通常是各种类型的银行，它们发现可以从贷款发放费里获得大笔利润，同时无须把这些抵押贷款留在自己的负债表上。我们已经看到，它们把抵押贷款拆分成各种抵押贷款等价物。购买这些抵押贷款的人并不知道他们买的是什么，因为他们并不持有抵押贷款本身，只是在巨大的抵押贷款资产包中拥有部分权益，在实际操作中很难或根本不可能弄清楚背后的抵押贷款。此外，证券化的抵押贷款得到了各种评级机构的评级。评级机构根据房价的近期走势来估计抵押贷款的违约概率，而房价过去一直在上升，因此几乎没有理由担心抵押贷款会遭遇违约。即使评级机构中有人觉得可能会出现相反的情况，认为评级应该考虑房价下跌的可能性，但任何敢于出声揭露其中弊端的人，都会陷入孤立无援的境地，因为他的言论会损害所有靠收取交易费而一夜暴富的人的利益。

我们已经详细地概括了金融危机的情况，它符合我们关于大多数经济波动的原因的解释：信心膨胀以及紧随其后的信心不足。本例中的故事是房价永远不会下降（它只是个故事，实际上并不是真的），而且会持续上涨，所以不会有什么损失。

我们在写作本章时，还不清楚那些非银行金融机构（如投资公司、对冲基金等，这些机构都未受到监管，但持有高达数万亿美元的名义资产和负债）的问题究竟在多大程度上导致了本次危机。

这就是我们这个时代的故事，它始于2001年的经济周期。我们不知道经济低迷何时会结束，但本书的观点以及我们理论的检验结果都说明，我们本可以利用动物精神及其如何发挥作用的理论来讲述相同或者类似的故事，也可以用它来描述几乎所有的经济周期。以美国为例，我们可以回溯到1837年经济危机中的土地投机和州立银行破产，并用该理论讲一个类似的故事；我们也可以回溯到大萧条，或者回溯到1991年的衰退，当时的竞选人比尔·克林顿指责老布什忽视了经济问题，因此应该对衰退负责；我们甚至可以回溯到美国历史上任何一次与石油无关的和平时期的繁荣和萧条。[①] 我们也可以用同样的理论来解释日本在20世纪90年代经历的螺旋式通货紧缩以及印度目前的经济繁荣。

不论在什么时候，不论在哪个国家，我们都可以看到作为本书主题的动物精神在宏观经济中发挥的作用。

---

① 可能的例外是那些与战争或和平有关的繁荣和萧条。

动物精神理论意义何在？

我们已经看到，我们对经济的解释已经通过了检验。动物精神的作用几乎无处不在，也给现在的宏观经济模型提供了新的洞见。不过它到底意味着什么呢？

要把握动物精神的意义，就有必要来看看未考虑动物精神的宏观经济学理论。我们认为，这种理论存在严重缺陷，它不能解释为什么经济繁荣之后总是跟随着萧条。

然而，令人吃惊的是，这种经济学理论不仅在专业经济学家和政策制定者那里大行其道，更是广受普通大众的青睐。根据该理论的观点，资本主义给发达经济体的消费者带来了几个世纪前无法想象的巨额财富。在今天的北美、欧洲和日本，即便是普通消费者的生活水平也比中世纪的国王还要高。他们吃得更好；住的房子虽然比国王小，但舒服温暖得多；只要一按开关，电视和收音机就能给他们带来更好也更丰富的娱乐节目……这个清单还可以列很长。还有，当我们撰写本书时，其他国家，如巴西、中国和印度，正沿着 GDP 排行榜迅速攀升。

我们承认资本主义确实创造了奇迹，但这并不意味着资本主义只有这一种形态，而且不同的形态可能会带来不同的财富和利益。我们可以回顾美国历史上关于资本主义形态的争论，就会注意到资本主义也有过很多次急剧逆转。19 世纪初，人们曾就政府在美国经济中的作用展开激烈争论。民主党反对政府干预，而辉格党认为政府应该为资本主义的健康发展提供保障，比如联邦政府应该建立全国性的公路系统。安德鲁·杰克逊和继任者马丁·范布伦反对该计划，而约翰·昆西·亚当斯和亨利·克莱却支持它。

从那以后，类似的争论又来来回回发生过好几次。最近一次的主要变化发生在20世纪70年代玛格丽特·撒切尔当选英国首相和80年代罗纳德·里根当选美国总统的时候。此前30年，人们已经普遍接受了罗斯福新政，政策制定者的主流认识是政府在给资本主义社会提供基础设施方面应该发挥关键作用。这些基础设施不仅包括有形的高速公路、教育系统以及支持科学研究等，还包括监管，尤其是对金融市场的监管。20世纪80年代末，我们已经拥有一个非常良好的能够经受住各种风暴的经济制度。例如，储贷协会大规模破产，但政府保护体系大大减轻了破产对宏观经济的伤害。尽管它消耗了纳税人的大笔金钱，但几乎没有引起失业。

不过后来（这是我们故事的另一部分），就如经常发生的那样，经济发生了变化，监管制度也被改变了。20世纪80年代以后，人们普遍信仰资本主义应当是完全自由的。游戏场或许已经发生了变化，但游戏规则没有跟着变化，这种情况在金融市场上体现得最为明显。我们在前文讲过的有关住房市场的故事就是最佳例证。过去，对住房抵押贷款有一些基本的限制。商业银行和储蓄银行会谨慎地发放抵押贷款，因为它们自己最有可能是抵押贷款的持有人。不过后来，所有事情都变了：银行变成了抵押贷款的发起人，而不是持有人，但监管方式并未根据金融结构上的这种变化做出调整。

公众对监管的反感是这种不作为背后的原因。美国深深地沉溺于一种新的资本主义观。我们也相信游戏应该毫无约束的说法，但我们忘记了20世纪30年代以巨大代价换来的难得教训：资本主义必须在政府设定规则并充当裁判的竞技场上才能发挥优势。

不过，我们现在并非真的处在资本主义危机中。只是我们必须认识到，资本主义只有在一定的规则内才能生存。其实，我们的整个经济观，包括对动物精神的全部认识，都说明了政府为什么必须制定这些规则。古典理论所描述的充分就业的确有可能存在，但我们认为，总需求的巨大变化来自乐观和悲观情绪的起伏与波动。因为工资主要是由公平因素决定的，所以需求的变化就无法转变为对价格的调整，而只能转变为对就业的调整。当需求下降时，失业就会增加。抑制这些变化，正是政府的作用。

在这里，我们要再次强调我们的观点，即资本主义不仅出售人们认为自己真正需要的东西，还出售人们以为自己想要的东西。尤其在金融市场上，这一特点导致了相对过剩和银行破产，而银行破产又造成了更广泛的经济问题。所有这些过程都受到各种故事的推动。人们讲给自己听的关于他们自己的故

事、关于其他人会怎样做的故事以及经济作为一个整体会如何运转的故事，所有这些故事都会影响人们的行为，而且它们并不稳定，会随时间而变化。

这样一个充满了动物精神的世界为政府干预提供了机会。政府的角色应该是设定条件，使我们的动物精神可以创造性地发挥更大的作用。换言之，政府必须制定游戏规则。

许多经济学家认为经济应该自由放任，管得最少的政府才是最好的政府，政府应该在制定规则方面发挥最少的作用。我们和这些经济学家不同，根本原因在于我们对经济有不同的认识。如果我们认为人们完全理性，而且几乎都按经济动机来行动，我们也会相信政府不应该监管金融市场，甚至不应该在决定总需求水平上发挥作用。

但恰恰相反，动物精神的各个方面会推动经济朝着不同的方向运转。如果政府不进行干预，经济就会在就业和失业之间大幅摇摆，金融市场也会不时地陷入混乱。

动物精神是人们行动的真实动机

人们应该接受我们的观点，不仅仅因为它解释了宏观经济的历史，还因为它能够详细解释资本主义经济的运作细节。本书前五章讨论了各种动物精神：信心、公平、腐败、货币幻觉以及故事，有大量证据证明它们才是人们行动的真实动机，而且无所不在。主流宏观经济学假设它们不具有任何重要作用，这真可谓荒谬。

如果认识到动物精神在回答有关资本主义经济的8个基本问题方面所具有的重要作用，这样的假设就更显荒谬。本书后面几章讨论的8个问题是：为什么经济会陷入萧条？为什么中央银行拥有控制经济的权力？为什么存在非自愿失业？为什么从长期看通货膨胀和失业间存在权衡关系？为什么储蓄的决定如此易变？为什么股票市场波动如此不受控制？为什么房地产市场的周期变化如此巨大？为什么少数族裔一直在贫困中挣扎？

如果我们重视动物精神，这些问题就很容易回答；而现在的主流宏观经济学不能或者说几乎不可能解答这些问题。

重振全球经济的新思路

本书讲述了经济是如何运转的。从个人层面看，关于经济运转的正确观点对个人做出正确决策非常必要，比如说，我们应该储蓄多少，应该在哪里投资，应该买什么房子，以及我们能否相信雇主（或社会保障）会支付我们的退休金。而且，对经济运转机理的正确认识，对公共决策而言更加不可或缺。

本书出版时正好赶上人们开始反思对经济的看法。最近的经济动荡把很多以前认为已经解决了的问题重新摆到桌面上。

现在，人们正在非常急切地寻求新的答案，报纸、智囊团、各种会议以及各个大学的经济学系都在讨论这些问题。

民主国家关于“人民是谁、人民应该是谁”的看法，时不时地会经历重大变化。和这些变化相伴而来的，是关于经济如何运转的故事的变化。我们可以认为，美国经历了6次主要的类似变化：大革命时期，安德鲁·杰克逊当选总统后，亚伯拉罕·林肯当选总统后，重建时期结束时，大萧条期间，以及罗纳德·里根当选总统之后。历史学家可能在这些故事变化的细节上持不同意见，但因为历史上的很多重大事件和这些变化有关，所以对这些变化的存在应该没有太多的争议。

他们同样也不太会否定我们关于最近一次变化的看法，也就是罗纳德·里根当选总统后所带来的变化。当时，关于经济如何运转的解释转向了保守派的象征，也就是我们在本书开头提到过的“看不见的手”。当然，那次变化并非美国独有的现象，英国已经在18个月前选举玛格丽特·撒切尔作为首相。其他国家，从印度到中国到加拿大，都紧随其后，有时候还非常积极。

“看不见的手”的故事及其影响对政府在经济中所扮演的角色做了详尽的解释，甚至回答了一些极为特殊的问题。不过，人们现在又重新提出这些问题。下面只是一个小小的样本：我们如何让有着不同能力和不同经济知识的人表达他们的投资偏好，又不会使他们受兜售伪劣产品的商人的伤害？我们怎样让人们发挥他们对投资机会的强烈直觉，又不会引起投机泡沫及其破灭？我们应当如何决定该救助谁，在什么时间救助？我们应该如何处理那些已经受害或受骗的个人和机构？银行应该如何进行资本评估？财政政策和货币刺激政策的本质和力度应该如何确定？如果财政政策和货币政策实施得过早或过迟，是否真的会产生什么影响？财政政策和货币政策应当集中使用还是四面开花？存款保险该如何设计？何时能够以最低成本重组银行？何时对所有储户进行支付？如何监管对冲基金？如何监管投资银行和银行控股公司？在考虑到系统性风险的问题后，应当如何修订《破产法》？有关这些问题的传统答案似乎已经不再管用。只要经济学家和那些关心或研究经济问题的人聚在一起，我们都会看到他们在努力寻找新的答案。

本书不能对所有这些问题做详细的回答。本书的论点是，理解经济的运转以及政府在经济中的作用不能仅仅考虑经济动机，还需要我们深入考察信心、公平、腐败、货币幻觉以及历史带给我们的故事。所以，回答上述问题还需要更多信息，非本书所能涵盖。但是，本书确实给我们提供了背景故事，或许所有答案都能够在里面找到。而且，本书还强调了建立有关委员会和调查团的紧迫性，它们要继续开展对金融机构和监管体系的改革，我们确实亟须这些改革。

最重要的是，本书告诉我们，只有在思想和政策中充分重视动物精神的作用，才可能找到解决经济问题的办法。

致　谢

我们首先要感谢普林斯顿大学出版社的社长彼得·多尔蒂，他在我们撰写本书的过程中一直给我们以智识方面的指导。他对经济学文献及其丰富内涵的个人见解使我们受益匪浅。

我们要特别感谢那些参加行为宏观经济学研讨会（后来被称为宏观经济学和个人决策研讨会）的经济学家。自 1994 年以来，我们两人一直在国家经济研究局（NBER）组织这个研讨会。2004 年之前，拉塞尔·塞奇基金会的行为经济学项目一直在支持研讨会，此后，研讨会得到了波士顿联邦储备银行的支持。

本书融合了我们分别同多个合作者早先发表的论文的思想。这些合作者包括：研究资产价格波动的约翰·坎贝尔，研究住房问题的卡尔·凯斯和艾伦·韦斯，探讨通货膨胀和失业之间权衡关系的威廉·迪肯斯和乔治·佩里，研究少数族裔贫困问题的雷切尔·克拉顿，研究银行破产和掠夺行为的保罗·罗默，以及关注工资和失业公平性的珍妮特·耶伦。我们还十分感谢为本书2003年草稿进行评审的三个人，其报告指出，我们的计划远比原定的更加雄心勃勃。我们还感谢本书2008年即将完稿时的四名评审人。

我们十分感谢研究助理桑托什·阿纳戈尔、陈保罗、斯蒂芬妮·芬聂尔、迭戈·加拉科切亚、乔舒亚·豪斯曼、杰西卡·杰弗斯、马克·施奈德、哈桑·塞伊汉、罗内特·沃尼、吴迪，以及最忠实的管理助理卡罗尔·科普兰提供的帮助。

我们感谢参加罗伯特·席勒的经济学、法律和管理课程、耶鲁大学宏观经济学系列讲座（在连续5年的讲座中，本书的原稿一直被用作该系列讲座的教材）部分课程的学生提供的诸多意见和建议。

罗伯特的妻子、临床心理学家弗吉尼亚·席勒，对她的丈夫有着一定的影响，促使他关注各种人类心理规律对经济学的重要性，让他避免过度地从技术角度来解读经济，让他知道人类心理和经济现实之间是有联系的。我们两家的儿子都有志于学术研究，他们也给本书提供了一些意见和建议。

乔治·阿克洛夫还感谢加拿大高等研究所和美国国家自然科学基金会给予的慷慨资助。

ANIMAL SPIRITS

参考文献

Aaron, Henry J., and Robert D. Reischauer. 1999. *Setting National Priorities: The 2000 Election and Beyond*. Washington, D.C.: Brookings Institution Press.

Agell, Jonas and Per Lundborg. 2003. "Survey Evidence on Wage Rigidity and Unemployment: Sweden in the 1990s." *Scandinavian Journal of Economics* 105(1):15–29.

Agell, Jonas and Per Lundborg. 1982. "Labor Contracts as Partial Gift Exchange." *Quarterly Journal of Economics* 97(4):543–569.

Akerlof, George A., and William T. Dickens. 2007. "Unfinished Business in the Macroeconomics of Low Inflation: A Tribute to George and Bill by Bill and George." *Brookings Papers on Macroeconomics* 2:31–48.

Akerlof, George A., and Rachel E. Kranton. 2000. "Economics and Identity." *Quarterly Journal of Economics* 115(3):715–753.

——. 2002. "Identity and Schooling: Some Lessons for the Economics of Education." *Journal of Economic Literature* 40(4):1167–1201.

——. 2005. "Identity and the Economics of Organizations." *Journal of Economic Perspectives* 19(1):9–32.

——. 2008. *Economics and Identity*. Unpublished paper, University of

California-Berkeley, and Duke University, July.

Akerlof, George A., and Paul M. Romer. 1993. "Looting: The Economic Underworld of Bankruptcy for Profit." *Brookings Papers on Economic Activity* 2:1–74.

Akerlof, George A., and Janet L. Yellen. 1990. "The Fair Wage-Effort Hypothesis and Unemployment." *Quarterly Journal of Economics* 105(2):255–283.

Akerlof, George A., Andrew K. Rose, and Janet L. Yellen. 1988. "Job Switching and Job Satisfaction in the U.S. Labor Market." *Brookings Papers on Economic Activity* 2:495–582.

Akerlof, George A., William T. Dickens, and George L. Perry. 1996. "The Macroeconomics of Low Inflation." *Brookings Papers on Economic Activity* 1:1–59.

——. 2000. "Near-Rational Wage and Price Setting and the Long-Run Phillips Curve." *Brookings Papers on Economic Activity* 1:1–44.

Akerlof, Robert J. 2008. "A Theory of Social Interactions." Unpublished paper, Department of Economics, Harvard University.

"Aldrich Banking System." 1911. *Washington Post*, February 18, p. 6.

Alesina, Alberto, Rafael di Tella, and Robert McCulloch. 2001. "Inequality and Happiness: Are Europeans and Americans Different?" National Bureau of Economic Research Working Paper w8198, April.

Alexander, Robert. 2003. *A History of Organized Labor in Argentina*. Westport, Conn.: Praeger.

Allen, Franklin, Stephen Morris, and Hyung Song Shin. 2002. "Beauty Contests, Bubbles, and Iterated Expectations in Asset Markets." Unpublished paper, Yale University, April.

Altonji, Joseph G., and Paul J. Devereux. 1999. "The Extent and Consequences of Downward Nominal Wage Rigidity." National Bureau of Economic Research Working Paper 7236, July.

Anderson, Elijah. 1990. *Streetwise: Race, Class, and Change in an Urban*

Community. Chicago: University of Chicago Press.

Ando, Albert, and Franco Modigliani. 1963. "The Life-Cycle Theory of Saving: Aggregate Implications and Tests." *American Economic Review* 53(1):55–84.

Andrews, Edmund L. 2008. "Fed Acts to Rescue Financial Markets." *New York Times*, March 17.

Angeletos, George-Marios, David I. Laibson, Andrea Repetto, Jeremy Tobacman, and Stephen Weinberg. 2001. "The Hyperbolic Consumption Model: Calibration, Simulation, and Empirical Evaluation." *Journal of Economic Perspectives* 15(3):47–68.

"Applaud Idea of Lowering City Salaries." 1932. *Hartford Courant, February* 19, p. 8.

Arkes, H., L. Herren, and A. Isen. 1988. "The Role of Potential Loss in the Influence of Affect on Risk-Taking Behavior." *Organizational Behavior and Human Decision Processes* 66:228–236.

"Attitude of Waiting." 1902. *Washington Post*, December 21, p. 22.

Bailey, Norman J. 1975. *The Mathematical Theory of Infectious Diseases and Its Applications*. London: Griffin.

Baker, Malcolm, Jeremy C. Stein, and Jeffrey Wurgler. 2002. "When Does the Market Matter? Stock Prices and the Investment of Equity-Dependent Firms." National Bureau of Economic Research Working Paper 8750, January.

Baker, Malcolm, Stefan Nagel, and Jeffrey Wurgler. 2006. "The Effects of Dividends on Consumption." National Bureau of Economic Research Working Paper 12288, June.

Barberis, Nicholas, and Richard Thaler. 2003. "A Survey of Behavioral Finance." In George Constantinides, Milton Harris, and René Stulz, eds., *Handbook of the Economics of Finance.* New York: Elsevier Science, pp. 1053–1128.

Barenstein, Matias Felix. 2002. "Credit Cards and Consumption: An Urge to

Splurge?" Unpublished paper, University of California-Berkeley.

Barrett, Wayne. 2008. "Andrew Cuomo and Fannie and Freddie." *Village Voice*, August 5.

Barro, Robert J. 1979. "On the Determination of the Public Debt." *Journal of Political Economy* 87(5):940–971.

Barsky, Robert B., and Eric R. Simes. 2006. "Information Shocks, Animal Spirits, and the Meaning of Innovations in Consumer Confidence." Unpublished paper, University of Michigan, October 30.

Bauer, Thomas, Holger Bonin, and Uwe Sunde. 2003. "Real and Nominal Wage Rigidities and the Rate of Inflation: Evidence from German Microdata." Institute for the Study of Labor Discussion Paper 959.

Becker, Gary S. 1968. "Crime and Punishment: An Economic Approach." *Journal of Political Economy* 76:169–217.

Benabou, Roland. 2008. "Groupthink: Collective Delusions in Organizations and Markets." Unpublished paper, Princeton University.

Benabou, Roland, and Jean Tirole. 2000. "Self-Confidence and Social Interactions." National Bureau of Economic Research Working Paper 7585, March.

Benoit, Bernard, Ben Hall, Krishna Guha, Francesco Guerrera, and Henry Sender. 2008. "US Prepares $250bn Banks Push; Global Rebound; S&P 500 Soars 11.6 % as Markets Cheer Europe's $2,546bn Move." *Financial Times*, October 14, p. 1.

Berg, Lennart, and Reinhold Bergström. 1996. "Consumer Confidence and Consumption in Sweden." Unpublished paper, Department of Economics, Uppsala University.

Bernanke, Ben S. 2008a. "Developments in the Financial Markets." Testimony before the Committee on Banking, Housing, and Urban Affairs, U.S. Senate. April 3. http://www.federalreserve.gov/newsevents/testimony/bernanke20080403a.htm.

——. 2008b. "Reducing Systemic Risk." Speech at the Federal Reserve

Bank of Kansas City Economic Symposium, "Maintaining Stability in a Changing Financial System," Jackson Hole, Wyoming, August 22. http://www.federalreserve.gov/newsevents/speech/bernanke20080822a.htm.

Bernanke, Ben S., and Alan Blinder. 1988. "Credit, Money, and Aggregate Demand." *American Economic Review Papers and Proceedings* 78(2):435–439.

——.1992. "The Federal Funds Rate and the Channels of Monetary Transmission." *American Economic Review* 82(4):901–921.

Bernanke, Ben S., Thomas Laubach, Frederic Mishkin, and Adam Posen. 2001. *Inflation Targeting: Lessons from the International Experience*. Princeton, N.J.: Princeton University Press.

Bernanke, Ben S., Jean Boivin, and Piotor Eliasz. 2005. "Measuring the Effects of Monetary Policy: A Factor-Augmented Vector Autoregressive (FAVAR) Approach." *Quarterly Journal of Economics* 120(1):387–422.

Bernheim, B. Douglas. 1995. "Do Households Appreciate Their Financial Vulnerabilities? An Analysis of Actions, Perceptions, and Public Policy." *In Tax Policy for Economic Growth in the 1990s*. Washington, D.C.: American Council for Capital Formation, pp. 1–30.

Bewley, Truman. 1999. *Why Wages Don't Fall during a Recession*. Cambridge, Mass.: Harvard University Press.

——.2002. "Knightian Decision Theory. Part I." *Decisions in Economics and Finance* 25(2):79–110.

Billett, Matthew T., and Yiming Qian. 2005. "Are Overconfident Managers Born or Made? Evidence of Self-Attribution Bias from Frequent Acquirers." Unpublished paper, University of Iowa.

Blanchard, Olivier. 1993. "Consumption and the Recession of 1990–1991." *American Economic Review* 83(2):270–274.

Blanchard, Olivier, and Nobihiro Kiyotaki. 1987. "Monopolistic Competition and the Effects of Aggregate Demand." *American Economic Review* 77(4):647–666.

Blanchard, Olivier, and Lawrence Summers. 1987. "Hysteresis in Unemployment." *European Economic Review* 31(1/2):288–295.

Blanchard, Olivier, Changyong Rhee, and Lawrence H. Summers. 1993. "The Stock Market, Profit, and Investment." *Quarterly Journal of Economics* 108(1):115–136.

Blau, Peter Michael. 1963. *The Dynamics of Bureaucracy; A Study of Interpersonal Relations in Two Government Agencies*. Chicago: University of Chicago Press.

Blinder, Alan S., and Don H. Choi. 1990. "A Shred of Evidence on Theories of Wage Stickiness." *Quarterly Journal of Economics* 105(4):1003–1015.

Blinder, Alan S., Angus Deaton, Robert E. Hall, and R. Glenn Hubbard. 1985. "The Time Series Consumption Function Revisited." *Brookings Papers on Economic Activity* 2:465–511.

Bond, Stephen R., and Jason G. Cummins. 2000. "The Stock Market and Investment in the New Economy: Some Tangible Facts and Intangible Fictions." *Brookings Papers on Economic Activity* 1:61–108.

Borio, Claudio. 2003. "Towards a Macroprudential Framework for Financial Regulation." BIS Working Paper 128, Bank for International Settlements, February.

Bowles, Samuel. 1985. "The Production Process in a Competitive Economy: Walrasian, Neo-Hobbesian, and Marxian Models." *American Economic Review* 75(1):16–36.

Bracha, Anat, and Donald Brown. 2007. "Affective Decision Making: A Behavioral Theory of Choice." Cowles Foundation Discussion Paper 1633, November.

Brainard, William C., and George L. Perry. 2000. "Making Policy in a Changing World." In William Brainard and George Perry, eds., *Economic Events, Ideas, and Policies: The 1960s and After.* Washington, D.C.: Brookings Institution Press, pp. 43–82.

Brainard, William C., and James Tobin. 1968. "Pitfalls in Financial Model

Building." *American Economic Review* 58(2):99–122.

Brock, William A., and Steven N. Durlauf. 2003. "Multinomial Choice and Social Interactions." Unpublished paper, University of Wisconsin Madison, January 27.

Brown, Lucia. 1952. "Individualistic Interiors Mark Dozen Exhibit Homes." *Washington Post,* September 7, p. H3.

Brown, Roger. 1986. Social *Psychology*, 2nd ed. New York: Free Press.

Brown, Stephen, William Goetzmann, Bing Liang, and Christopher Schwarz. 2007. "Mandatory Disclosure and Operational Risk: Evidence from Hedge Fund Registration." Unpublished paper, New York University.

Brunnermeier, Markus K. 2009. "Deciphering the 2007–8 Liquidity and Credit Crunch." *Journal of Economic Perspectives*, forthcoming.

Brunnermeier, Markus K., and Christian Julliard. 2006. "Money Illusion and Housing Frenzies." National Bureau of Economic Research Working Paper 12810, December.

Buckley, F. H., and Margaret F. Brinig. 1998. "The Bankruptcy Puzzle." *Journal of Legal Studies* 27(1):187–207.

Burton, Robert. 1632. *The Anatomy of Melancholy*. Oxford: Henry Cripps.

Caballero, Ricardo, and Arvind Krishnamurthy. 2006. "Flight to Quality and Collective Risk Management." Unpublished paper, Massachusetts Institute of Technology.

"Callisthenes." 1931. "The Duty of Confidence." *The Times* (London), January 21, p. 12.

Calomiris, Charles W. 2008. "The Subprime Turmoil: What's Old, What's New and What's Next." Paper prepared for the Federal Reserve Bank of Kansas City Economic Symposium, "Maintaining Stability in a Changing Financial System," Jackson Hole, Wyoming, August 22.

Calvo, Guillermo A. 1983. "Staggered Prices in a Utility-Maximizing Framework." *Journal of Monetary Economics* 12(3):383–398.

Campbell, Carl M., III, and Kunal S. Kamlani. 1997. "The Reasons for

Wage Rigidity: Evidence from a Survey of Firms." *Quarterly Journal of Economics* 112(3):759–789.

Campbell, John Y. 2006. "Household Finance." *Journal of Finance* 61(4):1553–604.

Campbell, John Y., and Angus Deaton. 1989. "Is Consumption Too Smooth?" *Review of Economic Studies* 56(3):357–373.

Campbell, John Y., and Robert J. Shiller. 1987. "Cointegration and Tests of Present Value Models." *Journal of Political Economy* 97(5):1062–1088.

——. 1988. "Stock Prices, Earnings and Expected Dividends." *Journal of Finance* 43(3):661–676.

Cantril, Hadley. 1951. *Public Opinion 1935–1946*. Princeton, N.J.: Princeton University Press.

Card, David, and Dean Hyslop. 1997. "Does Inflation 'Grease the Wheels' of the Labor Market?" In Christina D. Romer and David H. Romer, eds., *Reducing Inflation: Motivation and Strategy*. NBER Studies in Business Cycles, vol. 30. Chicago: University of Chicago Press, pp. 195–242.

Carlton, Dennis W. 1986. "The Rigidity of Prices." *American Economic Review* 76(4):637–658.

Carroll, Christopher D. 2001. "A Theory of the Consumption Function with and without Liquidity Constraints (Expanded Version)." National Bureau of Economic Research Working Paper 8387, July.

Carroll, Christopher D., and Lawrence H. Summers. 1991. "Consumption Growth Parallels Income Growth: Some New Evidence." In B. Douglas Bernheim and John Shoven, eds., *National Saving and Economic Performance*. Chicago: University of Chicago Press, pp. 305–343.

Carroll, Christopher D., and David N. Weil. 1994. "Saving and Growth: A Reinterpretation." *Carnegie-Rochester Conference Series on Public Policy* 40: 133–192.

Carson, Carol S. 1975. "The History of the United States National Income and Product Accounts: The Development of an Analytical Tool." *Review of*

Income and Wealth 21(2):153–181.

Case, Karl E. 2008. "The Central Role of House Prices in the Current Financial Crisis: How Will the Market Clear?" Paper prepared for the Brookings Panel on Economic Activity, Washington, D.C., September 11.

Case, Karl E., and Robert J. Shiller. 1988. "The Behavior of Home Buyers in Boom and Post-Boom Markets." *New England Economic Review*, November, pp. 29–46.

——. 2003. "Is There a Bubble in the Housing Market?" *Brookings Papers on Economic Activity* 2:299–362.

Cassino, Vincenzo. 1995. "The Distribution of Wage and Price Changes in New Zealand." Bank of New Zealand Discussion Paper G95/6.

Castellanos, Sara G., Rodrigo García-Verdú, and David Kaplan. 2004. "Nominal Wage Rigidities in Mexico: Evidence from Social Security Records." National Bureau of Economic Research Working Paper 10383, March.

Central Intelligence Agency. 2008. *The World Factbook*. https://www.cia.gov/library/publications/the-world-factbook/.

Chapple, Simon. 1996. "Money Wage Rigidity in New Zealand." *Labour Market Bulletin* 2:23–50.

Chari, V. V., Patrick J. Kehoe, and Ellen R. McGrattan. 2008. "New Keynesian Models: Not Yet Useful for Policy Analysis." National Bureau of Economic Research Working Paper 14313, September.

Chen, Keith, and Marc Hauser. 2005. "Modeling Reciprocation and Cooperation in Primates: Evidence for a Punishing Strategy." *Journal of Theoretical Biology* 235:5–12.

Chernow, Ron. 1998. Titan: *The Life of John D. Rockefeller, Sr*. New York: Random House.

Christofides, Louis N., and Amy Chen Peng. 2004. "The Determinants of Major Provisions in Union Contracts: Duration, Indexation, and Non-Contingent Wage Adjustment." Unpublished paper, University of Cyprus.

Clark, John Bates. 1895. "The Gold Standard of Currency in the Light of Recent Theory." *Political Science Quarterly* 10(3):383–397.

Clark, Kenneth. 1965. *Dark Ghetto*. New York: Harper and Row.

Coibion, Olivier, and Yuriy Gorodnichenko. 2008. "What Can Survey Forecasts Tell Us about Informational Rigidities?" Unpublished paper, University of California-Berkeley.

Colburn, Forrest D. 1984. "Mexico's Financial Crisis." *Latin American Research Review* 19(2):220–224.

Cole, Harold L., and Lee E. Ohanian. 2000. "Re-examining the Contributions of Money and Banking Shocks to the U.S. Great Depression." *NBER Macroeconomics Annual* 00:183–227.

——. 2004. "New Deal Policies and the Persistence of the Great Depression: A General Equilibrium Analysis." *Journal of Political Economy* 112(4):779–816.

"Confidence Is Recovery Key, Sloan Asserts." 1938. *Chicago Daily Tribune,* January 1, p. 17.

"Contract Bridge Favorite Game among Women." 1941. *Washington Post*, March 5, p. 13.

Cooper, Russ, and Andrew John. 1988. "Coordinating Coordination Failures in Keynesian Models." *Quarterly Journal of Economics* 88(3):441–463.

Crystal, Graef S. 1991. *In Search of Excess: The Overcompensation of American Executives*. New York: W. W. Norton.

Cusumano, Michael A. 1985. *The Japanese Automobile Industry: Technology and Management at Nissan and Toyota*. Cambridge, Mass.: Harvard University Press.

Davis, E. Philip, and Gabriel Fagan. 1997. "Are Financial Spreads Useful Indicators of Future Inflation and Output Growth in EU Countries?" *Journal of Applied Econometrics* 12(6):701–714.

Deaton, Angus. 1992. *Understanding Consumption*. Oxford: Oxford University Press.

Degler, Carl N. 1967. Age of *Economic Revolution 1876–1900*, 2nd ed. Glenview, Ill.: Scott, Foresman.

De Long, J. Bradford, and Lawrence H. Summers. 1992. "Equipment Investment and Economic Growth: How Strong Is the Nexus?" *Brookings Papers on Economic Activity* 2:157–199.

Delpit, Lisa. 1995. *Other People's Children: Cultural Conflict in the Classroom*. New York: New Press.

De Quervain, Dominique J.-F., Urs Fischbacher, Valerie Treyer, Melanie Schellhammer, Ulrich Schnyder, Alfred Buck, and Ernst Fehr. 2005. "The Neural Basis of Altruistic Punishment." *Science* 305:1254–1264.

Descartes, René. 1972 [1664]. *Traité de l'Homme*. Paris: La Gras. English translation: T. S. Hall, *Treatise of Man*. Cambridge, Mass.: Harvard University Press.

Dickens, William T., and Lawrence F. Katz. 1987. "Inter-industry Wage Differences and Industry Characteristics." In Kevin Lang and Jonathan S. Leonard, eds., *Unemployment and the Structure of Labor Markets*. New York: Blackwell, pp. 48–89.

Di Tella, Rafael, Robert J. McCulloch, and Andrew J. Oswald. 2000. "The Macroeconomics of Happiness." Unpublished paper, Harvard Business School.

Dougherty, Peter. 2002. *Who's Afraid of Adam Smith? How the Market Got Its Soul*. Hoboken, N.J.: Wiley.

Du Bois, W.E.B. 1965. *The Souls of Black Folk*. Greenwich, Conn.: Fawcett.

Dunlop, John T. "The Task of Contemporary Wage Theory." In John T. Dunlop, ed., *The Theory of Wage Determination*. New York: St. Martin's Press, pp. 3–27.

Dwyer, Jacqueline, and Kenneth Leong. 2000. "Nominal Wage Rigidity in Australia." Reserve Bank of Australia Discussion Paper 2000–2008.

Economic Report of the President. Various issues. Washington, D.C.: United States Government Printing Office.

Edmans, Alex, Diego Garcia, and Øyvind Norli. 2007. "Sports Sentiment and Stock Returns." *Journal of Finance* 62(4):1967–1998.

Eichengreen, Barry. 1992. *Golden Fetters: The Gold Standard and the Great Depression*. New York: Oxford University Press.

Eichengreen, Barry, and Jeffrey Sachs. 1985. "Exchange Rates and Economic Recovery in the 1930s." *Journal of Economic History* 45:925–946.

Eichenwald, Kurt. 2005. *A Conspiracy of Fools: A True Story*. New York: Broadway.

"An Elastic Currency and Bankers' Bank." 1913. *The Independent*, December 25, p. 565.

"Embezzlements of Last Year." 1895. *Chicago Daily Tribune*, January 1, p. 4.

Engen, Eric M., William G. Gale, and Cori E. Uccello. 1999. "The Adequacy of Household Saving." *Brookings Papers on Economic Activity* 2:65–187.

Englund, Peter. 1999. "The Swedish Banking Crisis: Roots and Consequences." *Oxford Review of Economic Policy* 15(3):80–97.

Fair, Ray C. 1994. *Testing Macroeconometric Models*. Cambridge, Mass.: Harvard University Press.

Fang, Hanming, and Giuseppe Moscarini. 2002. "Overconfidence, Morale, and Wage-Setting Policies." Paper presented at the National Bureau of Economic Research conference on "Macroeconomics and Individual Decision Making," November.

Farkas, Steve, and Jean Johnson. 1997. *Miles to Go: A Status Report on Americans' Plans for Retirement*. Washington, D.C.: Public Agenda.

Farmer, Roger E. 1999. *The Macroeconomics of Self-Fulfilling Prophecies*, 2nd ed. Cambridge, Mass.: MIT Press.

Faulkner, Harold Underwood. 1959. Politics, *Reform and Expansion, 1890–1900*. New York: Harper and Row.

Federal Reserve. 2008a. "Factors Affecting Reserve Balances." Statistical Release H.4.1, July 24.

——. 2008b. "Reserve Requirements." http://www.federalreserve.gov/

monetarypolicy/reservereq.htm.

Fehr, Ernst, and Simon Gächter. 2000. "Cooperation and Punishment in Public Goods Experiments." *American Economic Review* 90(4):980–994.

Fehr, Ernst, and Lorenz Goette. 2004. "Robustness and Real Consequences of Nominal Wage Rigidity." *Journal of Monetary Economics* 52(4):779–804.

Feinberg, Richard. 1986. "Credit Cards as Spending Facilitating Stimuli: A Conditioning Interpretation." *Journal of Consumer Research* 13(3):348–356.

Ferguson, Ann Arnett. 2000. *Bad Boys: Public Schools in the Making of Black Masculinity*. Ann Arbor: University of Michigan Press.

Ferguson, Ronald F. 1998. "Can Schools Narrow the Test Score Gap?" In Christopher Jencks and Meredith Phillips, eds., *The Black-White Test Score Gap*. Washington, D.C.: Brookings Institution Press, pp. 318–374.

Festinger, Leon. 1954. "A Theory of Social Comparison Processes." *Human Relations* 7:114–140.

Finnel, Stephanie. 2006. "Once Upon a Time, We Were Prosperous: The Role of Storytelling in Making Mexicans Believe in Their Country's Capacity for Economic Greatness." Unpublished senior essay, Yale University.

Fischer, Stanley. 1977. "Long-Term Contracts, Rational Expectations, and the Optimal Money Supply Rule." *Journal of Political Economy* 85(1):191–205.

Fisher, Irving. 1928. *The Money Illusion*. New York: Adelphi.

Fliegel, Seymour. 1993. *Miracle in East Harlem: The Fight for Choice in Public Education*. New York: Random House.

"Formal Addresses of Lehman, Smith, Root and Wadsworth at Repeal Convention." 1933. *New York Times*, June 28, p. 16.

Fortin, Pierre. 1995. "Canadian Wage Settlement Data." Unpublished paper, Université de Québec à Montréal, April.

——. 1996. "The Great Canadian Slump." *Canadian Journal of Economics* 29(4):761–787.

Fostel, Ana, and John Geanakoplos. 2008. "Leverage Cycles and the Anxious Economy." *American Economic Review* 98(4):1211–1244.

Foster, James E., and Henry Y. Wan Jr. 1984. "Involuntary Unemployment as a Principal-Agent Equilibrium." *American Economic Review* 74(2):476–484.

Frazier, Franklin. 1957. *The Black Bourgeoisie: The Rise of the New Middle Class in the United States*. New York: Free Press.

Friedman, Benjamin M. 1990. "Targets and Instruments for Monetary Policy." In Benjamin Friedman and Frank Hahn, eds., *Handbook of Monetary Economics*. New York: Elsevier Science, pp. 1185–1230.

Friedman, Milton. 1957. *A Theory of the Consumption Function*. Princeton, N.J.: Princeton University Press.

——. 1968. "The Role of Monetary Policy." *American Economic Review* 58(1):1–17.

——. 1970. "A Theoretical Framework for Monetary Analysis." *Journal of Political Economy* 78(2):193–238.

Friedman, Milton, and Rose D. Friedman. 1980. *Free to Choose: A Personal Statement*. New York: Harcourt Brace Jovanovich.

Friedman, Milton, and Anna Jacobson Schwartz. 1963. *A Monetary History of the United States, 1867–1960*. Princeton, N. J.: Princeton University Press.

Fukuzawa, Yukichi. 1969. *An Encouragement of Learning*, 1876 edition translated by David A. Dilworth and Umeyo Hirano. Tokyo: Sophia University.

Galbraith, John K. 1997 [1955]. *The Great Crash: 1929*. New York: Houghton Mifflin.

Gale, William G., and Samara R. Potter. 2002. "An Economic Evaluation of the Economic Growth and Tax Reconciliation Act of 2002." Unpublished paper, Brookings Institution.

Gale, William G., J. Mark Iwry, and Peter R. Orszag. 2005. *The Automatic 401(k): A Simple Way to Strengthen Retirement Savings*. Washington, D.C.:

Brookings Institution Press.

Geanakoplos, John. 2003. "Liquidity, Default, and Crashes: Endogenous Contracts in General Equilibrium." In Mathias Dewatripont, Lars Peter Hansen, and Steven J. Turnovsky, eds., *Advances in Economics and Econometrics: Theory and Applications, Eighth World Conference*, vol. 2. Cambridge: Cambridge University Press, pp. 170–205.

Geisel, Theodor Seuss (Dr. Seuss). 1984. *The Butter Battle Book*. New York: Random House.

Gilboa, Itzhak, and David Schmeidler. 1989. "Maximin Expected Utility with Non-Unique Priors." *Journal of Mathematical Economics* 18:141–153.

Glaeser, Edward L. 2002. "The Political Economy of Hatred." National Bureau of Economic Research Working Paper 9171, September.

——. 2005. "Should the Government Rebuild New Orleans, or Just Give Residents Checks?" *Economists' Voice* 2(4):article 4.

Goetzmann, William, Jonathan Ingersoll, and Stephen A. Ross. 2003. "High Water Marks and Hedge Fund Management Contracts." *Journal of Finance* 58:1685–1718.

Goldfeld, Stephen. 1976. "The Case of the Missing Money." *Brookings Papers on Economic Activity* 3:683–730.

Gordon, Robert J. 1977. "Can the Inflation of the 1970s Be Explained?" *Brookings Papers on Economic Activity* 1:253–279.

Gosselin, Peter. 2005. "The New Deal: On Their Own in Battered New Orleans." *Los Angeles Times*, December 4, p. A-1.

Gramlich, Edward M. 2007. *Subprime Mortgages: America's Latest Boom and Bust*. Washington, D.C.: Urban Institute Press.

Granger, Clive. 1969. "Investigating Causal Relations by Econometric Models and Cross-Spectral Methods." *Econometrica* 37(3):424–438.

Greenlaw, David, Jan Hatzius, Anil K. Kashyap, and Hyung Song Shin. 2008. "Leveraged Losses: Lessons from the Mortgage Meltdown." Paper presented at the U.S. Monetary Policy Forum Conference, Chicago

Graduate School of Business, February 29.

Groshen, Erica L. 1991. "Sources of Intra-Industry Wage Dispersion: How Much Do Employers Matter?" *Quarterly Journal of Economics* 106(3):869–884.

Grossman, Sanford J., and Oliver Hart. 1980. "Takeover Bids, the Free-Raider Problem, and the Theory of the Corporation." *Bell Journal of Economics* 11(1):41–64.

Grossman, Sanford J., Angelo Melino, and Robert J. Shiller. 1987. "Estimating the Continuous-Time Consumption-Based Asset-Pricing Model." *Journal of Business and Economic Statistics* 5(3):315–327.

Hall, Robert E. 1978. "Stochastic Implications of the Life Cycle-Permanent Income Hypothesis: Theory and Evidence." *Journal of Political Economy* 86(6):971–988.

——. 1988. "Intertemporal Substitution in Consumption." *Journal of Political Economy* 96(2):339–357.

Hall, Robert E., and Frederic S. Mishkin. 1982. "The Sensitivity of Consumption to Transitory Income: Estimates from Panel Data on Households." *Econometrica* 50(2):461–482.

Haltiwanger, John, and Michael Waldman. 1989. "Limited Rationality and Strategic Complements: The Implications for Macroeconomics." *Quarterly Journal of Economics* 104:463–483.

Hannerz, Ulf. 1969. *Soulside: Inquiries into Ghetto Culture and Community.* New York: Columbia University Press.

Harmon, Amy. 2006. "DNA Gatherers Hit a Snag: The Tribes Don't Trust Them." *New York Times*, December 10, pp. A1, A38.

Harvey, Fred. 1929. "Stem 12,880,900 Share Run." *Chicago Daily Tribune*, October 25, p. 1.

Hicks, John R. 1937. "Mr. Keynes and the 'Classics': A Suggested Interpretation." *Econometrica* 5(1):147–159.

Higgins, Adrian. 2005. "Why the Red Delicious No Longer Is." *Washington*

Post, August 5, p. A01.

Higgs, Robert. 1997. "Regime Uncertainty: Why the Great Depression Lasted So Long and Why Prosperity Resumed after the War." *Independent Review* 1(4):651–690.

Hirt, Edward R., Grant A. Erickson, Chris Kennedy, and Dolf Zillman. 1992. "Costs and Benefits of Allegiance: Changes in Fans' Self-Ascribed Competencies after Team Victory versus Defeat." *Journal of Personality and Social Psychology* 63:724–738.

Holzer, Harry J., Paul Offner, and Elaine Sorensen. 2004. "Declining Employment among Young Black Less-Educated Men: The Role of Incarceration and Child Support." Georgetown University, Institute for Research on Poverty, Discussion Paper 1281-04, May.

Howe, Donald W. 2007. *What Hath God Wrought: The Transformation of America, 1815–1848*. New York: Oxford University Press.

Hsieh, Chang Tai, and Peter J. Klenow. 2003. "Relative Prices and Relative Prosperity." National Bureau of Economic Research Working Paper 9701, May.

Human Rights Watch. 2002. "Race and Incarceration in the United States: Human Rights Watch Press Backgrounder." February 27.

Ikegami, Eiko, 2005. *Bonds of Civility: Aesthetic Networks and the Political Origins of Japanese Culture*. Cambridge, Mass.: Cambridge University Press.

Ip, Greg. 1994. "Routine No Longer Governs Crow's Life." *Financial Post* (Toronto), April 28, p. 15.

Jacobs, Jane. 1961. *The Death and Life of Great American Cities*. New York: Random House.

James, Henry. 1983 [1904]. *The Golden Bowl*. Oxford: Oxford University Press.

Juhn, Chinhui, Kevin M. Murphy, and Brooks Pierce. 1993. "Wage Inequality and the Rise in Returns to Skill." *Journal of Political Economy*

101(3):410–442.

Jung, Jeeman, and Robert J. Shiller. 2005. "Samuelson's Dictum and the Stock Market." *Economic Inquiry* 43(2):221–228.

Kahn, Richard F. 1931. "The Relation of Home Investment to Unemployment." *Economic Journal* 41(162):173–198.

Kahn, Shulamit. 1997. "Evidence of Nominal Wage Stickiness from Microdata." *American Economic Review* 87(5):993–1008.

Kahneman, Daniel, and Amos Tversky. 1979. "Prospect Theory: An Analysis of Decision under Risk." *Econometrica* 47(2):263–192.

——. 2000. *Choices, Values and Frames*. Cambridge, Mass.: Cambridge University Press.

Kahneman, Daniel, Jack Knetsch, and Richard H. Thaler. 1986. "Fairness as a Constraint on Profit-Seeking: Entitlements in the Market." *American Economic Review* 76(4):728–741.

——. 1986b. "Fairness and the Assumptions of Economics." *Journal of Business* 59(4, part 2): S285–300.

"Kaiser Argentine Car Plant Hit by Faulty Parts, Strikes, Delays." 1958. *New York Times*, April 28, p. 33.

Kashyap, Anil K., Raghuram G. Rajan, and Jeremy C. Stein. 2008. "Rethinking Capital Regulation." Paper prepared for the Federal Reserve Bank of Kansas City Economic Symposium, "Maintaining Stability in a Changing Financial System," Jackson Hole, Wyoming, August 22.

Katona, George. 1960. *The Powerful Consumer: Psychological Studies of the American Economy*. New York: McGraw-Hill.

Katz, Lawrence F. 1986. "Efficiency Wage Theories: A Partial Evaluation." *NBER Macroeconomics Annual* 1:235–276.

Kelly, Tom, and John Tuccillo. 2004. *How a Second Home Can Be Your Best Investment*. New York: McGraw-Hill.

Keynes, John Maynard. 1940a. "On a Method of Statistical Business Cycle Research: A Comment." *Economic Journal* 50(197):154–156.

——. 1940b. *How to Pay for the War: A Radical Plan for the Chancellor of the Exchequer.* London: Macmillan.

——. 1973 [1936]. *The General Theory of Employment, Interest and Money.* New York: Macmillan.

Kimura, Takeshi, and Kazuo Ueda. 2001. "Downward Nominal Wage Rigidity in Japan." *Journal of the Japanese and International Economies* 15(1):50–67.

Kindelberger, Charles P. 1978. *Manias, Panics and Crashes: A History of Financial Crises.* New York: Basic.

King, Martin Luther, III. 1999. "Minority Housing Gap; Fannie Mae, Freddie Mac Fall Short." *Washington Times*, November 17, p. A17.

Kirchgaessner, Stephanie. 2008. "Bush Says Wall Street 'Got Drunk.'" *Financial Times*, July 23.

Klein, Lawrence R. 1977. *Project LINK.* Athens, Greece: Centre of Planning and Economic Research.

Knight, Frank H. 1921. *Risk, Uncertainty and Profit.* New York: Houghton Mifflin.

Knoppik, Christoph, and Thomas Beissinger. 2003. "How Rigid Are Nominal Wages? Evidence and Implications for Germany." *Scandinavian Journal of Economics* 105(4):619–641.

Kornbluth, Jesse. 1992. *Highly Confident: The Crime and Punishment of Michael Milken.* New York: William Morrow.

Krueger, Alan B., and Lawrence H. Summers, 1988. "Efficiency Wages and the Inter-Industry Wage Structure." *Econometrica* 56(2):259–293.

Krueger, Alan B., and Diane M. Whitmore. 1999. "The Effect of Attending a Small Class in the Early Grades on College-Test Taking and Middle School Test Results: Evidence from Project STAR." Unpublished paper, Industrial Relations Section, Princeton University, September.

Kuroda, Sachiko, and Isamu Yamamoto. 2003a. "Are Japanese Nominal Wages Downwardly Rigid? I. Examinations of Nominal Wage Change

Distributions." *Monetary and Economic Studies* 21(2):1–29.

——. 2003b. "Are Japanese Nominal Wages Downwardly Rigid? II. Examinations Using a Friction Model." *Monetary and Economic Studies* 21(2):31–68.

——. 2003c. "The Impact of Downward Nominal Wage Rigidity on the Unemployment Rate: Quantitative Evidence from Japan." *Monetary and Economic Studies* 21(4):57–85.

Kydland, Finn E., and Edward C. Prescott. 1982. "Time to Build and Aggregate Fluctuations." *Econometrica* 50 (6): 1345–1370.

Laibson, David I., Andrea Repetto, and Jeremy Tobacman. 2000. "A Debt Puzzle." National Bureau of Economic Research Working Paper 7879, September.

Lamont, Michelle. 2000. *The Dignity of Working Men: Morality and the Boundaries of Race, Class, and Immigration*. Cambridge, Mass.: Harvard University Press.

Lauck, William Jett. 1897. *The Causes of the Panic of 1893*. New York: Houghton Mifflin.

Lazear, Edward P., and Robert L. Moore. 1984. "Incentives, Productivity, and Labor Contracts." *Quarterly Journal of Economics* 99(2):275–296.

Lebergott, Stanley. 1957. "Annual Estimates of Unemployment in the United States, 1900–1954." In *The Measurement and Behavior of Unemployment*, Conference of the Universities–National Bureau Committee for Economic Research, Princeton. Princeton, N.J.: Princeton University Press (for National Bureau of Economic Research), pp. 213–241.

Lebow, David E., Raven E. Saks, and Beth Anne Wilson. 1999. "Downward Nominal Wage Rigidity: Evidence from the Employment Cost Index." Board of Governors of the Federal Reserve System, Finance and Economics Discussion Series 99/31, July.

Leeper, Eric, Christopher Sims, and Tao Zha. 1996. "What Does Monetary Policy Do?" *Brookings Papers on Economic Activity* 2:1–63.

Lemieux, Thomas. 2006. "Increasing Residual Wage Inequality: Composition Effects, Noisy Data, or Rising Demand for Skill?" *American Economic Review* 96(3):461–498.

"Lending on Collateral," *New York Times*, June 13, 1893, p. 4.

LeRoy, Stephen, and Richard Porter. 1981. "Stock Price Volatility: A Test Based on Implied Variance Bounds." *Econometrica* 49:97–113.

Leven, Maurice, Harold G. Moulton, and Clark Warburton. 1934. *America's Capacity to Consume*. Washington, D.C.: Brookings Institution Press.

Levine, David I. 1991. "Cohesiveness, Productivity, and Wage Dispersion," *Journal of Economic Behavior and Organization* 15(2):237–255.

Levine, Madeline. 2006. *The Price of Privilege: How Parental Pressure and Material Advantage Are Creating a Generation of Unhappy and Disconnected Kids*. New York: HarperCollins.

Levitt, Steven D. 1996. "The Effect of Prison Population Size on Crime Rates: Evidence from Prison Overcrowding Litigation." *Quarterly Journal of Economics* 111(2):319–351.

Liebow, Elliot. 1967. *Tally's Corner: A Study of Negro Streetcorner Men*. Boston: Little, Brown.

Lindbeck, Assar, and Dennis J. Snower. 1988. *The Insider-Outsider Theory of Employment and Unemployment*. Cambridge, Mass.: MIT Press.

Littlefield, Henry. 1964. "The Wizard of Oz: Parable on Populism." *American Quarterly* 16:47–58.

Lo, Andrew W. 2008. *Hedge Funds: An Analytical Perspective*. Princeton, N.J.: Princeton University Press.

Lohr, Steve. 1992. "Lessons from a Hurricane: It Pays Not to Gouge." *New York Times*, September 22.

López Portillo, José. 1965. *Quetzalcóatl*. Mexico City: Librería de Manuel Porrua.

Loury, Glenn C. 1995. *One by One from the Inside Out*. New York: Free Press.

Lowenstein, Roger. 2001. When Genius Failed: The Rise and Fall of Long-

Term Capital Management. New York: Random House.

Lucas, Robert E., Jr. 1972. "Expectations and the Neutrality of Money." *Journal of Economic Theory* 4(2):103–124.

Ludvigson, Sydney C. 2004. "Consumer Confidence and Consumer Spending." *Journal of Economic Perspectives* 18(2):29–50.

Lusardi, Annamaria, and Olivia S. Mitchell. 2005. "Financial Literacy and Planning: Implications for Retirement Well-being." De Nederlandsche Bank Working Paper 78, December.

Macaulay, Frederic. 1938. *Some Theoretical Problems Suggested by Movements in Interest Rates, Bond Yields and Stock Prices in the United States since 1856*. New York: National Bureau of Economic Research.

Madrian, Brigitte C., and Dennis F. Shea. 2001. "The Power of Suggestion: Inertia in 401(k) Participation and Savings Behavior." *Quarterly Journal of Economics* 116(4):1149–1187.

Mankiw, N. Gregory. 1985. "Small Menu Costs and Large Business Cycles: A Macroeconomic Model." *Quarterly Journal of Economics* 110(2):529–538.

Mankiw, N. Gregory, and Ricardo Reis. 2002. "Sticky Information versus Sticky Prices: A Proposal to Replace the New Keynesian Phillips Curve." *Quarterly Journal of Economics* 117(4):1295–1328.

Marsh, Terry A., and Robert C. Merton. 1986. "Dividend Variability and Variance Bound Tests for the Rationality of Stock Prices." *American Economic Review* 76(3):483–498.

Mason, Joseph R., and Josh Rosner. 2007. "How Resilient are Mortgage Backed Securities to Collateralized Debt Obligation Market Disruptions?" Unpublished paper, Hudson Institute.

Matsusaka, John G., and Argia M. Sbordone. 1995. "Consumer Confidence and Economic Fluctuations." *Economic Inquiry* 33(2):296–318.

McCabe, Kevin A., Mary Rigdon, and Vernon L. Smith. 2003. "Positive Reciprocity and Intentions in Trust Games." *Journal of Economic*

Behavior and Organization 52(2):267–275.

McCloskey, Michael, Alfonso Caramazza, and Bert Green. 1980. "Curvilinear Motion in the Absence of External Forces: Naive Beliefs about the Motion of Objects." *Science* 210(4474):1139–1141.

McDonald, Forrest. 1962. *Insull: The Rise and Fall of a Billionaire Utility Tycoon*, Washington, D.C.: Beard.

McDonald, Ian, and Robert M. Solow. 1981. "Wage Bargaining and Employment." *American Economic Review* 71(4):896–908.

Meadows, Donella H., Dennis L. Meadows, Jørgen Randers, and William W. Behrens III. 1972. *The Limits to Growth: A Report for the Club of Rome's Project on the Predicament of Mankind*. New York: Universe.

"Miners Seem Hopelessly Divided." 1894. *Chicago Daily Tribune*, February 10, p. 2.

Minsky, Hyman. 1982. *Can "It" Happen Again? Essays on Instability and Finance*. Armonk, N.Y.: M. E. Sharpe.

——. 1986. *Stabilizing an Unstable Economy*. New Haven, Conn.: Yale University Press.

Mishkin, Frederic S. 2007. "Housing and the Monetary Transmission Mechanism." National Bureau of Economic Research Working Paper 13518, October.

Modigliani, Franco. 1970. "The Life-Cycle Hypothesis of Saving and Inter-Country Differences in the Saving Ratio." In W. A. Eltis, M. F. G. Scott, and J. N. Wolfe, eds., *Induction, Growth and Trade: Essays in Honor of Sir Roy Harrod*. London: Clarendon Press.

Modigliani, Franco, and Richard Brumberg. 1954. "Utility Analysis and the Consumption Function: An Interpretation of Cross-Section Data." In Kenneth K. Kurihara, ed., *Post-Keynesian Economics*. New Brunswick, N.J.: Rutgers University Press, pp. 388–436.

Modigliani, Franco, and Richard A. Cohn. 1979. "Inflation, Rational Valuation and the Market." *Financial Analysts Journal* 35(2):24–44.

Moffitt, Donald A. 1963. "Industrial Paradox: Latin America Attracts Auto Making Facilities Despite Lag in Sales." *Wall Street Journal*, August 6, pp. 1, 16.

Morck, Randall, Andrei Shleifer, and Robert Vishny. 1990. "The Stock Market and Investment: Is the Market a Sideshow?" *Brookings Papers on Economic Activity* 2:157–215.

Morgenson, Gretchen. 2008. "Everyone Out of the Security Pool." *New York Times*, Sunday Business, November 16, p. BU-1.

Morris, Stephen A., and Hyun Song Shin. 2004. "Liquidity Black Holes." *Review of Finance* 8(1):1–18.

——. 2008. "Financial Regulation in a System Context." *Brookings Papers on Economic Activity* 2.

"Mr. Lodge on Finance." 1908. *New York Tribune*, March 13, p. 3.

Mullainathan, Sendhil, and Andrei Shleifer. 2005. "Persuasion in Finance." Unpublished paper, Harvard University.

"Must Cut Prices If They Would Work." 1894. *Chicago Daily Tribune,* January 11, p. 7.

Nickell, Stephen, and Glenda Quintini. 2001. "Nominal Wage Rigidity and the Rate of Inflation." London School of Economics Discussion Paper CEP DP 489.

"Not a Boom but Growth." 1887. *New York Times*, May 29, p. 9.

"Notes Real Signs of Business Uplift." 1932. *New York Times*, September 23, p. 2.

Noyes, Alexander Dana. 1909. *Forty Years of American Finance*. New York: G. P. Putnam.

O'Brien, Anthony Patrick. 1989. "A Behavioral Explanation for Nominal Wage Rigidity during the Great Depression." *Quarterly Journal of Economics* 104(4):719–735.

"Out of the Trough of Depression: Lord Meston on New Trade Orientation." 1937. *The Times* (London), April 21, p. 18.

Palley, Thomas I. 1994. "Escalators and Elevators: A Phillips Curve for Keynesians." *Scandinavian Journal of Economics* 96:111–116.

Peebles, Gavin. 2002. "Saving and Investment in Singapore: Implications for the Economy in the Early 20th Century." In Koh Ai Tee, Lim Kim Lian, Hui Weng Tat, Bhanoji Rao, and Chng Meng Kng, eds., *Singapore Economy in the 21st Century: Issues and Strategies.* Singapore: McGraw-Hill, pp. 373–400.

Phelps, Edmund S. 1968. "Money-Wage Dynamics and Labor-Market Equilibrium." *Journal of Political Economy* 76(4):678–711.

Phelps, Edmund S., and John Taylor. 1977. "Stabilizing Powers of Monetary Policy under Rational Expectations." *Journal of Political Economy* 85(1):163–190.

Phillips, A. W. 1958. "The Relationship between Unemployment and the Rate of Change of Money Wages in the United Kingdom, 1861–1957." *Economica,* n.s., 25(100):283–299.

Polti, Georges. 1981 [1916]. *The Thirty-Six Dramatic Situations*. Boston: The Writer. First published as *Les trente-six situations dramatiques*.

Pratt, John W., David A. Wise, and Richard Zeckhauser. 1979. "Price Differences in Almost Competitive Markets." *Quarterly Journal of Economics* 93(2):189–211.

Prelec, Drazen, and Duncan Simester. 2001. "Always Leave Home without It: A Further Investigation of the Credit-Card Effect on Willingness to Pay." *Marketing Letters* 12(1):5–12.

"President Wilson Looks to Business Prosperity as He Signs Currency Measure." 1913. *Christian Science Monitor*, December 24.

Rainwater, Lee. 1970. *Behind Ghetto Walls: Black Families in a Federal Slum*. Chicago: Aldine.

Rees, Albert. 1973 [1962]. *The Economics of Trade Unions*. Chicago: University of Chicago Press.

——. 1993. "The Role of Fairness in Wage Determination." *Journal of Labor*

Economics 11(1):243–252.

"Reynolds Sees New Hope with Currency Law Changes." 1913. *Chicago Daily Tribune,* December 20, p. 13.

Romer, Christina. 1986. "Spurious Volatility in Historical Unemployment Data." *Journal of Political Economy* 94(1):1–37.

——. 1992. "What Ended the Great Depression?" *Journal of Economic History* 52(4):757–784.

Romer, David. 2006. *Advanced Macroeconomics*, 3rd ed. New York: McGraw-Hill/Irwin.

Sah, Raaj K. 1991. "Social Osmosis and Patterns of Crime." *Journal of Political Economy* 88(6):1272–1295.

Samuelson, Paul A. 1964. *Economics: An Introductory Analysis*, 6th ed. New York: McGraw-Hill.

——. 1997 [1948]. *Economics: An Introductory Analysis*, 1st ed. New York: McGraw-Hill (reprinted, with a new foreword).

Sands, David R. 1991. "GAO Chief Says Banks Must Win Confidence." *Washington Times*, March 8.

Santayana, George. 1955 [1923]. *Skepticism and Animal Faith*. New York: Dover.

Sargent, Thomas J. 1971. "A Note on the 'Accelerationist' Controversy." *Journal of Money Credit and Banking* 3(3):721–725.

Sargent, Thomas J., and Neil Wallace. 1975. "Rational Expectations, the Optimal Monetary Instrument, and the Optimal Money Supply Rule." *Journal of Political Economy* 83(2):241–254.

Schank, Roger C., and Robert P. Abelson, 1977. *Scripts, Plans, Goals and Understanding*. New York: Wiley.

——. 1995. "Knowledge and Memory: The Real Story." In Robert S. Wyer Jr., ed., *Knowledge and Memory: The Real Story*. Hillsdale, N.J.: Erlbaum, pp. 1–85.

Schultze, Charles L. 1959. "Recent Inflation in the United States." Study

Paper 1, Joint Economic Committee, 86th Cong., 1st sess., September.

Schumpeter, Joseph A. 1939. *Business Cycles: A Theoretical, Historical, and Statistical Analysis of the Capitalist Process*. New York: McGraw-Hill.

Shapiro, Carl, and Joseph E. Stiglitz. 1984. "Equilibrium Unemployment as a Worker Discipline Device." *American Economic Review* 74(3):433–444.

Shea, John. 1995a. "Union Contracts and the Life-Cycle<th>/<th>Permanent-Income Hypothesis." *American Economic Review* 85(1):186–200.

——. 1995b. "Myopia, Liquidity Constraints, and Aggregate Consumption: A Simple Test." *Journal of Money, Credit and Banking* 27(3):798–805.

Shefrin, Hersh, and Richard H. Thaler. 1988. "The Behavioral Life-Cycle Hypothesis." *Economic Inquiry* 24:609–643.

Shiller, Robert J. 1981. "Do Stock Prices Move Too Much to Be Justified by Subsequent Changes in Dividends?" *American Economic Review* 7(3):421–436.

——. 1982. "Consumption, Asset Markets and Macroeconomic Fluctuations." *Carnegie-Rochester Conference Series on Public Policy* 17:203–238.

——. 1986. "The Marsh-Merton Model of Managers' Smoothing of Dividends." *American Economic Review* 76(3):499–503.

——. 1989. *Market Volatility.* Cambridge, Mass.: MIT Press.

——. 2005. *Irrational Exuberance*, 2nd ed. Princeton, N.J.: Princeton University Press.

——. 2008a. *The Subprime Solution: How Today's Global Financial Crisis Happened, and What to Do about It.* Princeton, N.J.: Princeton University Press.

——. 2008b. "Online Data: Stock Market Data." http://www.econ.yale.edu/~shiller/data.htm.

Shipler, David. 1997. *A Country of Strangers: Blacks and Whites in America.* New York: Knopf.

Shleifer, Andrei, and Robert W. Vishny. 1992. "Liquidation Values and Debt Capacity: A Market Equilibrium Approach." *Journal of Finance*

47(4):1343–1366.

——. 1997. "The Limits of Arbitrage." *Journal of Finance* 52(1):33–55.

Sims, Christopher A. 1972. "Money, Income and Causality." *American Economic Review* 62:540–552.

——. 2001. "Pitfalls of a Minimax Approach to Model Uncertainty." *American Economic Review* 91(2):51–54.

Smith, Adam. [1776.] *An Inquiry into the Nature and Causes of the Wealth of Nations*. London: Ward, Lock, Bowden & Co.

Smith, Edgar Lawrence. 1925. *Common Stocks as Long-Term Investments*. New York: Macmillan.

Solow, Robert. 1979. "Another Possible Source of Wage Rigidity." *Journal of Macroeconomics* 1(1):79–82.

Sorkin, Andrew Ross. 2008. "JP Morgan Pays $2 a Share for Bear Stearns." *New York Times*, March 17.

Soros, George. 2008. *The New Paradigm for Financial Markets: The Credit Crisis of 2008 and What It Means*. New York: Public Affairs.

Souleles, Nicholas S. 2001. "Consumer Sentiment: Its Rationality and Usefulness in Forecasting Expenditure—Evidence from the Michigan Micro Data." National Bureau of Economic Research Working Paper 8410, August.

——. 2004. "Expectations, Heterogeneous Forecast Errors, and Consumption: Micro Evidence from the Michigan Consumer Sentiment Surveys." *Journal of Money Credit and Banking* 36(1):39–72.

Staiger, Douglas, James H. Stock, and Mark W. Watson. 1997. "How Precise Are Estimates of the Natural Rate of Unemployment?" In Christina D. Romer and David H. Romer, eds., *Reducing Inflation: Motivation and Strategy*. NBER Studies in Business Cycles, vol. 30. Chicago: University of Chicago Press, pp. 195–242.

Steeples, Douglas, and David O. Whitten. 1998. *Democracy in Desperation: The Depression of 1893*. Contributions in Economic History, no. 199.

Westport, Conn.: Greenwood Press.

Sternberg, Robert J. 1998. *Love Is a Story: A New Theory of Relationships*. New York: Oxford University Press.

Stoft, Steven. 1982. "Cheat-Threat Theory: An Explanation of Involuntary Unemployment." Unpublished paper, Boston University, May.

Taleb, Nassim Nicholas. 2001. *Fooled by Randomness: The Hidden Role of Chance in the Markets and in Life*. New York: Texere.

Taylor, John. 1979. "Staggered Wage Setting in a Macro Model." *American Economic Review Papers and Proceedings* 69(2):108–113.

——. 1980. "Aggregate Dynamics and Staggered Contracts." *Journal of Political Economy* 88(1):1–23.

Thaler, Richard H. 1994. *Quasi-Rational Economics*. New York: Russell Sage Foundation.

Thaler, Richard H., and Shlomo Benartzi. 2004. "Save More Tomorrow: Using Behavioral Economics to Increase Employee Saving." *Journal of Political Economy* 112(1, pt. 2):S164–S187.

Thernstrom, Stephan, and Abigail M. Thernstrom. 1997. *America in Black and White: One Nation, Indivisible*. New York: Simon and Schuster.

Thomas, Landon, Jr., and Eric Dash. 2008. "Seeking Fast Deal, JPMorgan Quintuples Bear Stearns Bid." *New York Times*, March 25.

Tobias, Ronald B. 1993. *20 Master Plots and How to Build Them*. Cincinnati: Writers' Digest.

Tobin, James. 1972a. "Friedman's Theoretical Framework." *Journal of Political Economy* 80(5):852–863.

——. 1972b. "Inflation and Unemployment." *American Economic Review* 62(1):1–18.

Turner, Frederic Jackson. 1894. *The Significance of the Frontier in American History*. Madison: State Historical Society of Wisconsin.

Tversky, Amos, and Daniel Kahneman. 1974. "Judgment under Uncertainty: Heuristics and Biases." *Science* 185(4157):1124–1131.

"A Twenty-Five Million Pool." 1907. *Wall Street Journal*, March 29, p. 6.

Uchitelle, Louis. 2006. *The Disposable American: Layoffs and Their Consequences*. New York: Knopf.

"Unable to Weather the Gale." 1893. *New York Times*, July 1, p. 9.

U.S. Bureau of Labor Statistics. 1951. *Union Wages and Hours: Motortruck Drivers and Helpers*. Bulletin 1052, July 1. Washington, D.C.

——. 2008. "Consumer Price Index: All Urban Consumers. Not Seasonally Adjusted." CUUR0000SA0. http://www.bls.gov/ro1/fax/9150.pdf.

U.S. Census. 2008. *The 2008 Statistical Abstract*. http://www.census.gov/compendia/statab/index.html.

U.S. Department of Justice. 1996. "Correctional populations in the US 1996." http://www.ojp.usdoj.gov/bjs/pub/pdf/cpius965.pdf.html.

——. 2008. "Prison and Jail Inmates at Midyear 2006." http://www.ojp.usdoj gov/bjs/pub/pdf/pjim06.pdf.

U.S. Department of the Treasury. 2008. "Statement by Secretary Henry M. Paulson on Treasury and Federal Housing Finance Agency Action to Protect Financial Markets and Taxpayers." September 7. http://www.treasury.gov/press/releases/hp1129.htm.

U.S. Office of Personnel Management. 2004. "Demographic Profile of the Federal Workforce." https://www2.opm.gov/feddata/demograp/demograp.asp#RNOData.

Utaka, Atsuo. 2003. "Confidence and the Real Economy: The Japanese Case." *Applied Economics* 35(3):337–342.

Venti, Steven F., and David A. Wise. 2000. "Choice, Chance, and Wealth Dispersion at Retirement." National Bureau of Economic Research Working Paper 7521, February.

"Want Old Rate Restored." 1894. *Boston Daily*, February 10, p. 10.

Weinstein, Neil, and William M. Klein. 1996. "Unrealistic Optimism: Present and Future." *Journal of Social and Clinical Psychology* 15:1–8.

Welch, Jack, with John A. Byrne. 2001. *Jack: Straight from the Gut*. New

York: Warner.

Wentura, Dirk. 2005. "The Unknown Self: The Social Cognition Perspective." In Werner Greve, Klaus Rothermund, and Dirk Wentura, eds., *The Adaptive Self: Personal Continuity and Intentional Self-Development.* Cambridge, Mass.: Hogrefe and Huber, pp. 203–222.

Wilson, William J. 1987. *The Truly Disadvantaged.* Chicago: University of Chicago Press.

——. 1996. *When Work Disappears: The World of the New Urban Poor.* New York: Knopf.

"Wilson Insistent." 1913. *Washington Post*, June 15, p. 4.

Wolk, Carel, and Loren A. Nikolai. 1997. "Personality Types of Accounting Students and Faculty: Comparisons and Implications." *Journal of Accounting Education* 15(1):1–17.

Woodford, Michael. 2001. "Imperfect Common Knowledge and the Effects of Monetary Policy." National Bureau of Economic Research Working Paper 8673, December.

Yellen, Janet L. 1984. "Efficiency Wage Models of Unemployment." *American Economic Review Papers and Proceedings* 74(2):200–205.

Young, Roy A. 1928. "The Banker's Responsibilities." *Bankers' Magazine* 117(6):973–74. Youngman, Anna P. 1938. "Abrupt Industrial Slump Puzzles Business Experts," *Washington Post*, January 3, p. X22.

Zandi, Mark. 2008. *Financial Shock: A 360° Look at the Subprime Mortgage Implosion and How to Avoid the Next Financial Crisis.* Upper Saddle River, N.J.: Pearson Education.

Zeldes, Stephen P. 1989. "Consumption and Liquidity Constraints: An Empirical Investigation." *Journal of Political Economy* 97(2):305–346.